# 未来社会学 序説

## 勤労と統治を超える

森　元孝

東信堂

# はじめに

二〇五三年には日本の人口は、一億人を切り、二〇六五年には八千八百万人まで減少するという。一億人超を前提にして考えてきた社会経済政策は練り直さなければならなくなるだろう。そして年齢構成その内訳を見るなら、六五歳からとされる高齢者の人口数は、一九歳までの未成年の人口数を、すでに越えて多くなっている。この勢いで推移するなら、二〇歳から六四歳までの成年生産者人口数をも超えていくことになる（図）。

二〇一五年のドイツを見れば、シリアからの難民百万人を受け入れた。北朝鮮の政権はそう長くないうちに崩壊することもある。そういうことにもなったら二百万人を超える難民が日本海を渡って日本に来るという話もある。そのとき、日本人は、受け入れるのだろうか。それとも世界の受け入れ国への窓口に徹するのだろうか。

少子高齢化が深刻な人口減少、生産構造に影響を与えるだろうと、一九九〇年代にはすでに言われていながら、二一世紀も五分の一が過ぎようとしている。深刻だと口にしながら、目先の景気動向さえ良ければということで今が過ぎていく。

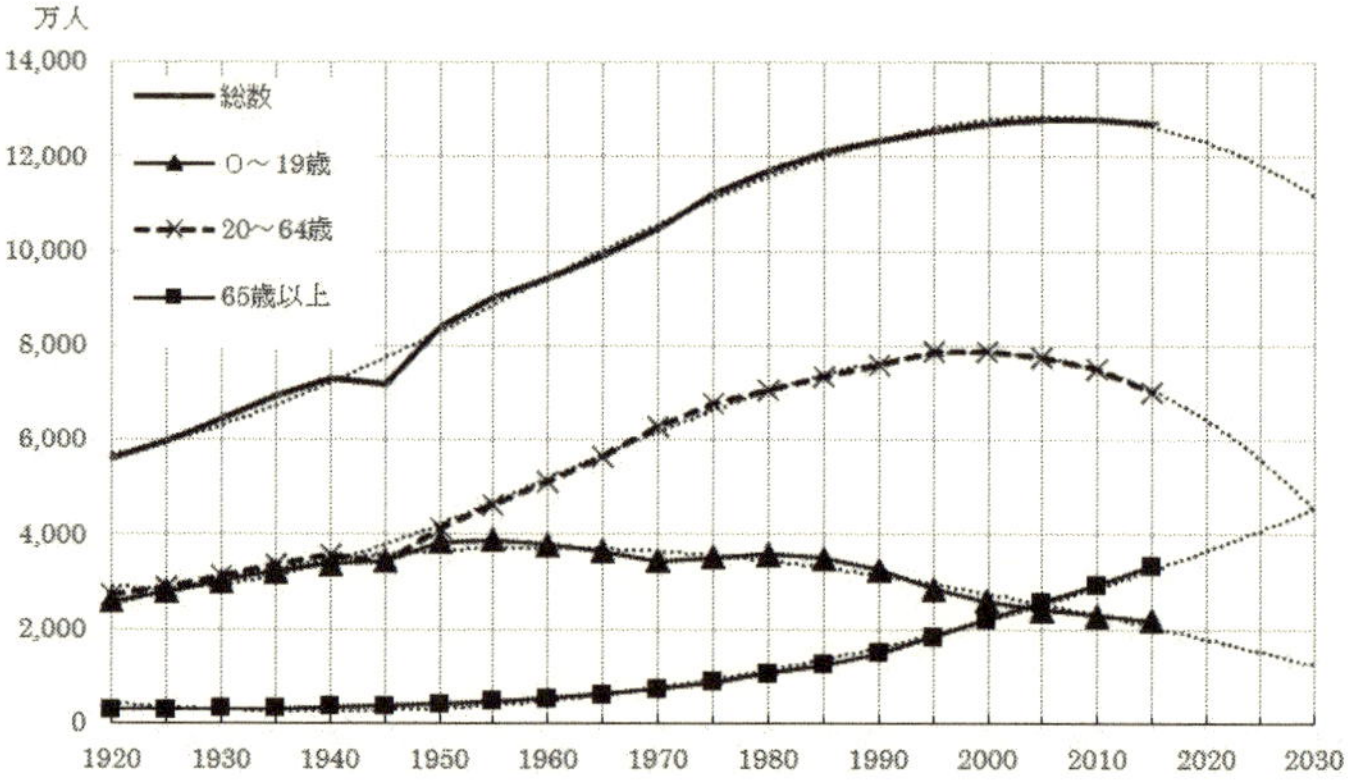

図　未成年、生産、老齢人口推移　1920–2030

少子高齢化と言いながら、都市部では、幼稚園、保育園、こども園などへの入所がかなわない待機児童が問題となっている。この国は、いったい計画や統治がされてきたことがあるのだろうか。目先の景気動向さえよければということで、これからもやっていくのだろうか。

超高齢化社会と言われ、認知症患者は四百万人を超え、二〇年のうちには七百万人にもなるという。後期高齢者医療保険制度も、そして介護保険制度も、これから、どのように維持できるのかも実は深刻な問題のはずだが、目下のところ、受給当事者ではない人たちには、実はどうでもよいことで、それよりは直前の景気動向の方が重要なのだろう。

国民基礎年金は、二〇歳以上の日本人は、等しく一万六千円にもなる掛け金を毎月拠出せねばならない。滞納者には、税金同様に、強制差し押さえも実施しようという時代にもなっている。

ベーシックインカムというアイデアがあり、ドイツをはじめヨーロッパの社会民主主義とキリスト教の根付いていた国々では、現実味を帯びる議論がされている。要するに、すべての国民に、例えば年三百万円を給付するという制度。働いても働かなくとも、この基礎所得は生後間もない子どもから年老いて死ぬまで誰もに保証される。労働と収入との、近代産業社会における関係をご破算にして、生活をすることは、国が保証するというアイデアである。

ドイツをはじめ消費税の税率がすでに高率になっているところでは、消費税をさらに引き上げて、これを原資とする。あるいは、所得税も組み合わせて、富裕層は基礎所得の給付を受けるが、同時にそれ以上の納税もする。

現状、保険料を拠出するが、同時に高額分の還付も受ける。掛金を拠出していくが、老後、年金の給付を受ける。生活保護を受給している場合もある。富裕層は、納税額が多いが、確定申告により還付を受けることもある。こうした拠出と還付の終わりのない連鎖を断ち切り、ここにかかる事務機構も整理していけば、もっと効率的な社会制度を構築していくことができるのではないかというアイデアでもある。

しかしながら、日本では、大規模な移民受け入れ政策が断行されることが、まずありえないのと同じように、こうしたベーシックインカムのような制度は、学者がせいぜいヨーロッパの先進例として紹介する程度で終わり、真面目に導入しようなどと議論されることはない。まずは、五八万四千人という膨大な官僚機構とそのもとで最も安定した生活を送る国家・地方合わせて三三〇万人を超える膨大な数の公務員は受け入れないであろうし、優良な企業とされるところほど、直近の景気動向にのみ関心が向いていて、こうしたユートピアには関心はまったくない。

どうしてだろうか。たぶん二つ考えられる。ひとつは、「勤労」ということ。今ひとつは、「統治する」そして「統治される」ということ。この二つに、日本人は徹底的に呪縛されてきた。ここから自由になれないままに、二〇六五年には八千八百万人となり、二一〇〇年には、二千万人台の国となり、そのうち一千八百万人が七五歳以上の後期高齢者である可能性はある。

本書ではそうした日本という深刻な未来社会について、かかる「勤労」と「統治」をめぐって、理論社会学から湧出してくるロジックを動員して論じていく。その際、重要な概念となるのは、媒体「貨幣」と「権力」、そして媒体「身体」と「言語」である。これら諸媒体についての基本概念を踏まえながら、未来を見透すことができることが、社会学をするということに他ならない。

目次

# 詳細目次／未来社会学序説　勤労と統治を超える

# 未来社会学 序説

勤労と統治を超える

# 第1部
# 理論社会学の基本概念

## 一、媒体「身体」と時空[1]

社会学は、社会秩序を分析する学問である。社会秩序の原初は、感覚秩序である。感覚秩序は、知覚体験の連関から成っている。知覚は、感覚器をつうじて体験される。「痛い」「暑い」「寒い」「甘い」「辛い」など、後述する媒体「言語」を介して表現される体験内容は、それぞれに原初的には差異を知覚しているのであり、区別の体験だということになる。

身体(body)は、後述するが、言語[2]、貨幣[3]あるいは権力[4]などと同様に人間生活に不可欠な媒体である。身体は、感覚器を鏤《ちりば》め、知覚体験を媒介する媒体にほかならない。

知覚体験には、鼓動、脈拍、呼吸、歩幅など身体あるいはその部分に帰属する運動、あるいは昼夜交代、季節交代など自然(世界)に帰属する運動に分けることができるが、等間隔あるいはそれを想像させる体験連鎖を生み出していく場合がある。この種の等間隔体験が、持続という時間軸を体験させる。われわれは、それぞれ自分の時間軸を持っているはずである。そして、そこに新たな体験を位置づけ、それ以前の体験とは区別し、その区別が記憶として沈殿していく。

ある出来事についての体験と、それについての記憶、そしてそれがどのように時間軸に記録されるかは、上のようにイメージしてみることができるだろう。等間隔体験を、太い波線で表してみた(図1-1a)。

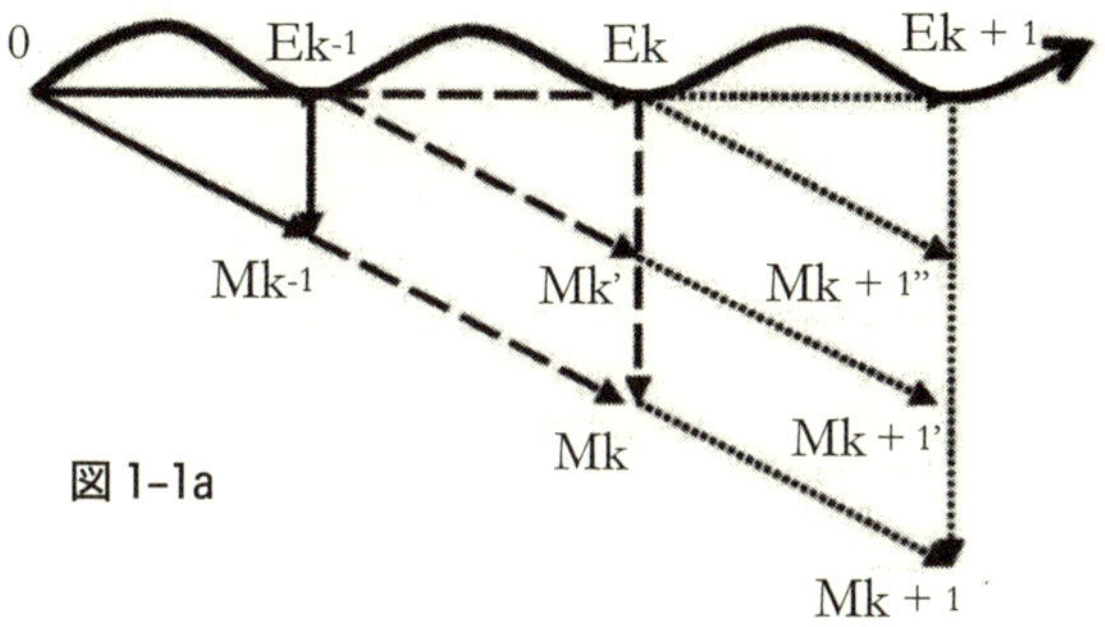


図 1-1a

今・現在（Ek）に対して、過去（Ek−1）そして未来（Ek+1）とする。過去の出来事は、その時点で、記憶（Mk−1）として沈殿する。これは、今、体験している出来事（Mk）とも関係する。結果として、記憶からの未来想像（Mk+1', Mk+1"）も産出することもある（点線の差異は、その違いを示そうとしてる）。

さて、こうした時間軸の構成のみならず、身体は、運動の前提であり、それ自体が、運動空間を構成していく。最も理解しやすいのは、スポーツを考えればよい。運動により、その身体器官が開示していく空間が間違えなく存在している。ダンス（図1−2a）とスケートボード（図1−2b）を例にしてみた[5]。

しかしながら、空間を切り拓くのはアスリートだけではない。日常生活は、つねに空間の切り拓きであり、あるいはその終わりなき繰り返しである。

子どもの手まり（図1−2c）、家族の散歩（図1−2d）、セールス（図1−2e）、年老いて散歩（図1−2f）。どれも、それぞれその瞬間において、それぞれに空間を切り拓いている。言い換えれば、空間

図 1–2 a

図 1–2 b

図 1–2 c

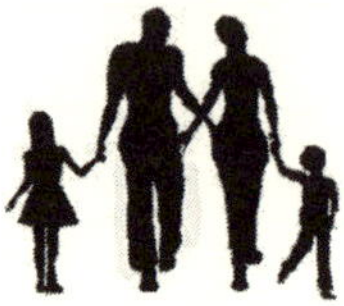
図 1–2 d

図 1–2 e

図 1–2 f

を体験しており、その瞬間瞬間に、その当事者が「人」として現れる。

少し極端な表現となるが、これらを、敢えて先の時間軸に重ねると、（図1−1b）となる。身体を媒体にして、知覚体験が時間軸上に描かれていくというイメージである、逆の見方をすれば、ある時点に、「私」が、「そういう子どもだった」、「そういう家族だった」「そういうビジネスマンだった」、そして「今や、老人となった」ということであり、それぞれの時点に現れ出るということである。

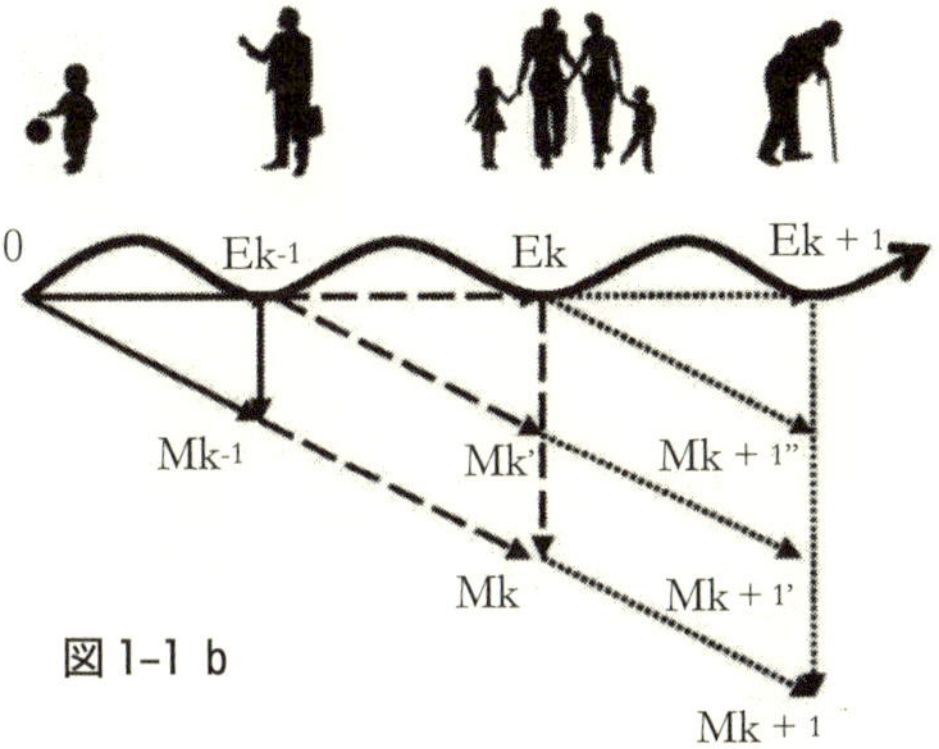


図1-1 b

## 二、社会的諸世界の分節（articulation）

### 1．同時性と疑似同時性

「社会的」と呼ばれる関係が発生する前提は、同時性ということにある。社会的世界の分節化は、区別という知覚によっている。視角であるパースペクティブがその代表であり、それにより世界が広がる[6]。そしてその前提は、つねに変動していく視点であるにもかかわらず、ある状況では別個体との間にも一瞬の一致する瞬間があることにある。われわれは次頁の最初のイメージのように、ある事態について一致を体験することがある〔同時性（simultaneity）〕。

しかもこうした一致は、「face-to-face」の一対一関係に限られるわけではない。続く三人の図のように、三人以上であってもありうる状況をわれわれは知っている。

面白いのは、こうした一致の体験は、一致しない場合であっても、その状況を想像することで、われわれはまさにその場に

いるように想像しながらその状況を理解することができるということでもある。すなわち、私が上右に掲げた二つの図を、あなたがかつて体験したことがあることとして思い出し、これらをなるほどと理解するはずである〔疑似同時性（quasi-simultaneity)〕。

さらに、発生論的に考えて、そうした状況の一致が、実は上左のようなものだったといってみることも、さほど誤りではないであろう（子と親を示す三図）。人は、また別の人といろいろに関係していることも理解できるはずである。

## 2. 遠近の分節

「あなた」と「あんたたち」、このパースペクティブの区別により、社会は知覚され、認識されていく。わかりやすくするために、「あなた」「あんたたち（彼ら）」という媒体「言語」の範疇に入る対象詞を用いているが、シルエットで示した関係を体験したことがあれば理解できるであろう。まずは、「あなた（二人称単数）」および「あなたたち（二人称複数）」の知覚である。これを「直接世界」と呼ぶ。

二つの図は、二人、三人までであるが、数人まで、この親密空間はありうるだろう。「親密」というが、物理的距離が近いということであり、「近接関係」と言うほうがよりよいかもしれない。

図 1-3 a

図 1-3 b

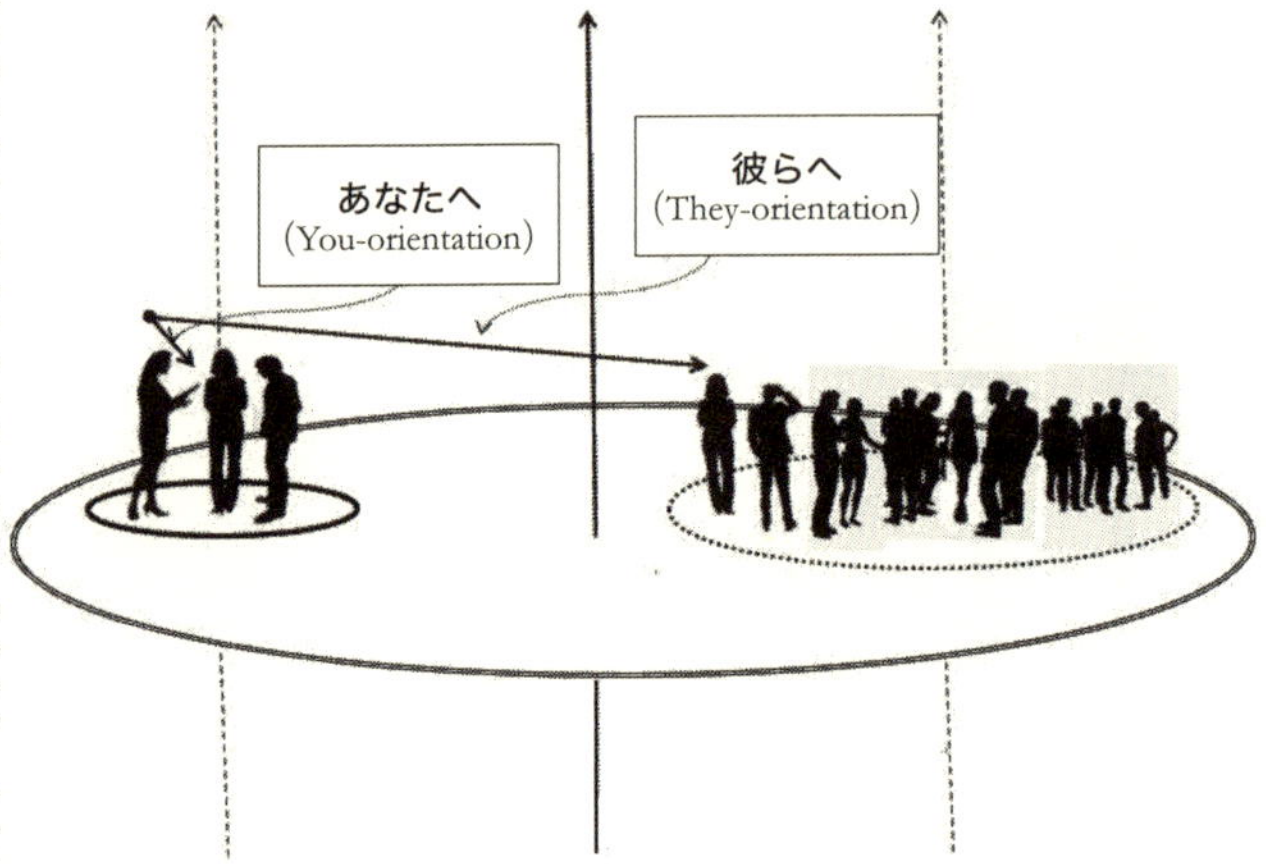


**図 1-4　直接世界と同時世界の分節（1）**

「あなた」「あなたたち」の近接関係（直接世界）は、「あんたたち」「彼ら」（三人称複数）として距離感覚で捉えられる関係とは区別される。「あなた」「あなたたち」の「直接世界」に対して、この直接世界を含む世界を「同時世界」と呼ぶ。上図のように、「直接世界」に対して「同時世界」が、あるいはその逆が分節される。

人類はみな兄弟、世界はみな友だちだとしても、このパースペクティブの区別はあり、「直接世界」と「同時世界」とは、必ず同一平面で分節する。

**図1-4**と**図1-5**とは、ともに「彼ら指向(They-orientation)」が向けられているが、「彼ら」「あんたたち」「奴ら」などは、「あなた」「あなたたち」と区別された上で、さらに区別される。

感覚器をつうじて、主要には「光」と「音」、さらには「嗅覚」「触覚」での知覚情報により、遠近感覚が捉えられ、「遠い—近い」の区別として捉えられる。

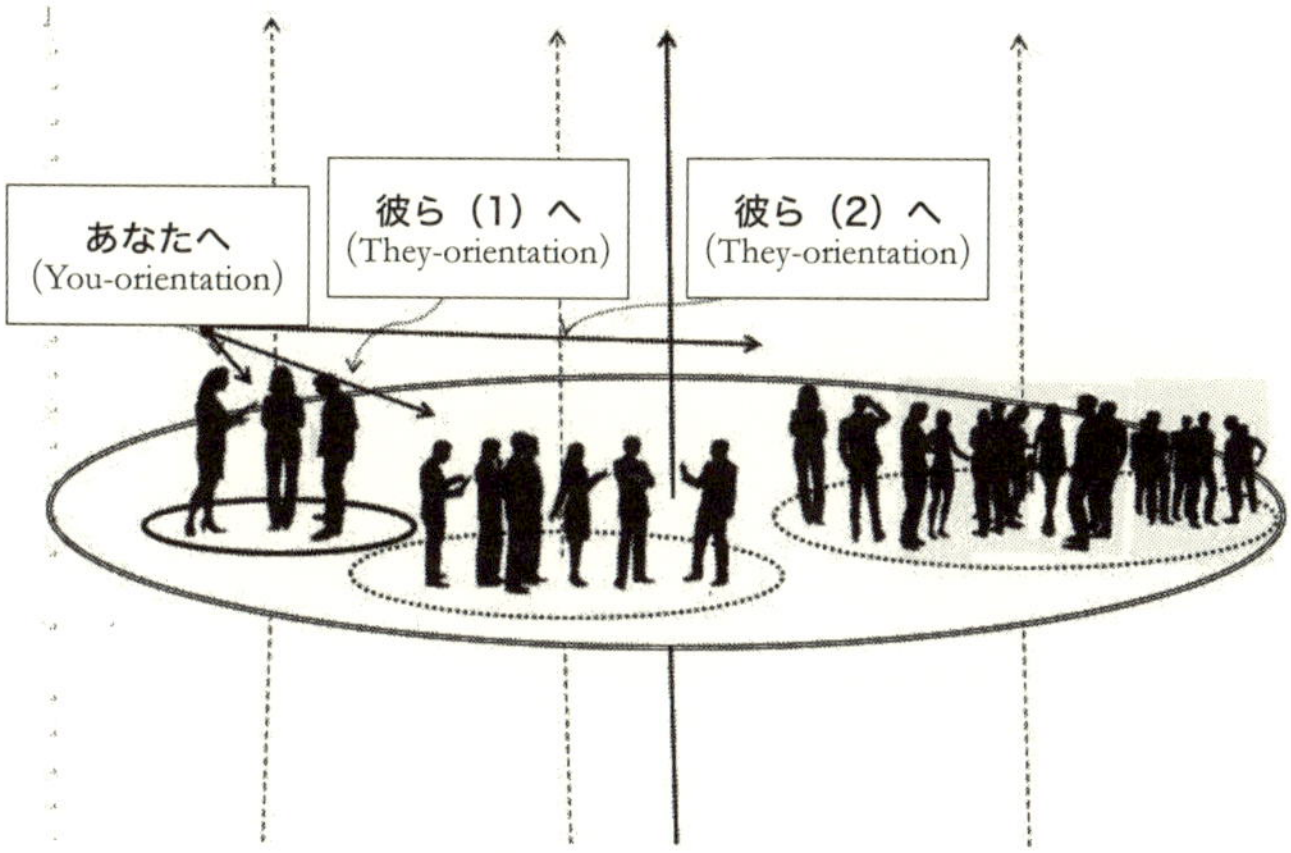


図 1-5　直接世界と同時世界の分節（2）

この区別・弁別の帰属点は、知覚・感覚する感覚器自体にある。この帰属点を、それ以外の脈絡に求めると、区別は、「差別」の水準に移行することになる[7]。

### 3．媒体「光」と「音」

パースペクティブの区別は、やはり知覚体験が前提となっているが、この場合、主要な知覚は、視覚と聴覚ということになる。もちろん、触覚も嗅覚も含めることができるが、視覚、聴覚が、身体運動が拓く空間を、反省的に知覚することになる。これを可能にするのは、媒体「光」と「音」という、物理世界にすでにある媒体である[8]。

風景、事物、鳥の声や虫の音、風の音やせせらぎの音なども、もちろんすでに媒体「光」と「音」により媒介されるが、パースペクティブは、これら媒体「光」と「音」が、身体運動と関連して、風景、事物などを知覚として体験させる。自然に耳に入ってきて、それに耳を傾けるという関係は、区別可能な二つの出来事であり、パースペクティブとはこの差異の知覚であり、区別が生まれているということである。パースペクティブは、「遠近法」や「視角」と訳語をあてることができ視覚と関係が深いが、耳に入る―耳を傾ける例示でわかるとおり、聴覚でも言えるだろうし、嗅覚、触覚も可能である。ダンス（図1－2a）、スケートボード（図1－2b）は、触覚も含めて感覚器が複合的に動員されて初めて拓けていく空間である。

## 4．現在、過去、未来

こうした近接と遠近による、パースペクティブの分節により、原初的には「直接世界」、そしてそれを含みながらそれとは区別もされる「同時世界」が存在する。そしてさらにこれに時間軸を加えるなら、「同時世界」に対して、「先行世界」と「後続世界」が分節していくことになる。その上で、過去へのパースペクティブと、未来へのパースペクティブが、現在のそれと、それぞれに区別されることになる。

これらの関係を図示すると、次のようになり（図1－6）、これが社会的世界という時空の基本を表現している。

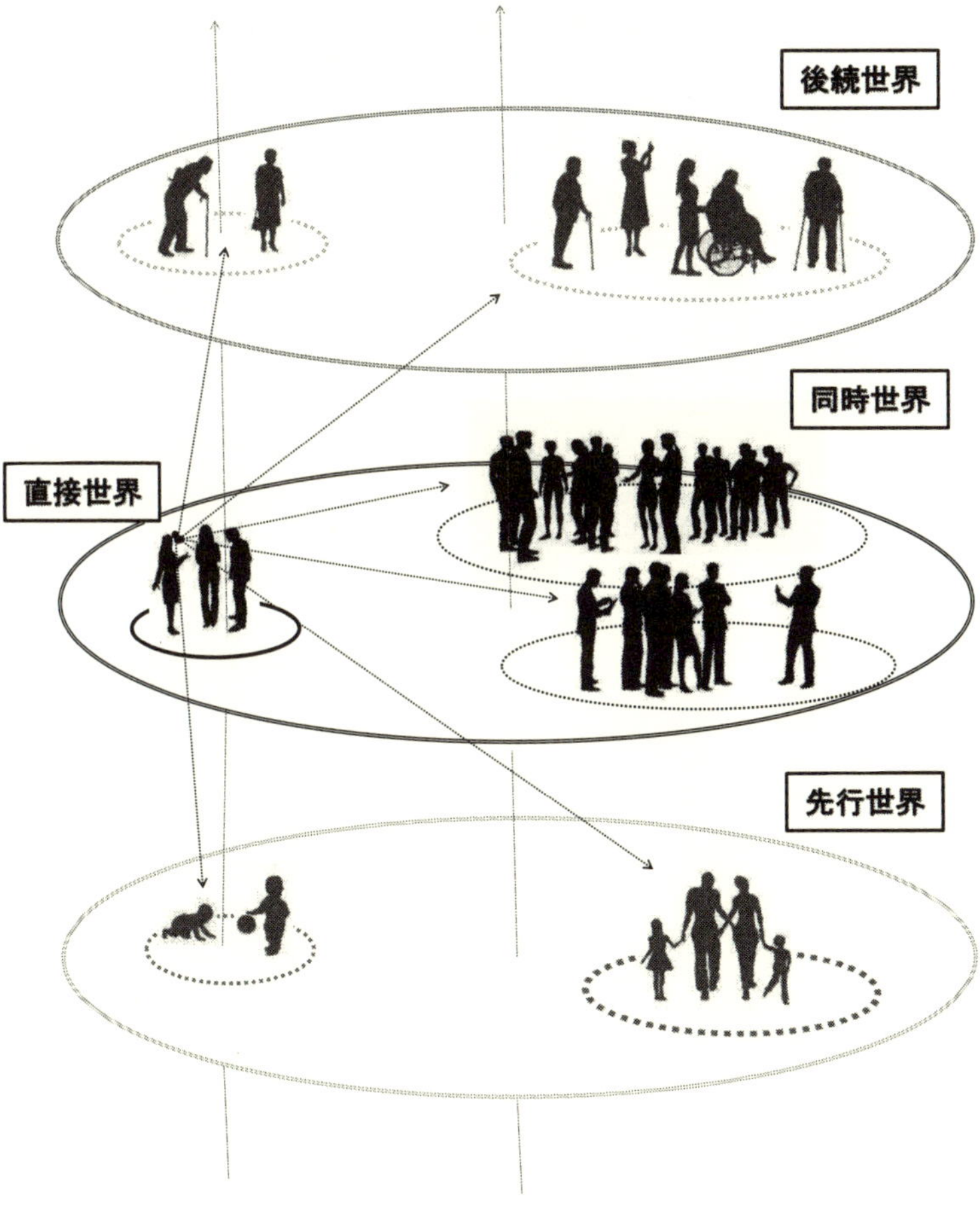


図 1-6 現在、過去、未来

図1-7　リーダーシップ

## 5. 対面と観察

「あなた指向」で形成される「face-to-face」の対面関係は、「力（force; power）」が働き、私（たち）とあなた（たち）という統率関係ともなる。これは、後述する発語内的力の場合もあるし、発語媒介効果の場合、さらには権力、あるいは暴力が関係する場合もある[9]。この場合のパースペクティブの基本イメージは、**図1-7**となろう。

より具体的な例をイメージすると、将棋や碁、チェス、その他ゲームをしている場合を考えればよいだろう。自分と対戦相手の関係は、自分の手に対して、相手がどのような手を指してくるか、そしてそれに対して自分は、どう指して、さらに相手はそれにどう指してくるかという、何手も先を読んで戦略を組み立てる。相手の出方とともに自分の出方の関係を事前に予想して行為し、相手をその筋に嵌め込んでいくということである。これを戦略的パースペクティブ（strategic perspective）と呼ぶ。

注意をしておいたほうがよいが、戦略的行為は、要するに軍事的行動と同義であることから、近接した少人数の親密な関係よりも実利的なものだとか、唯物的なものだとかと批判することもできるが、それには、あまり意味がない。

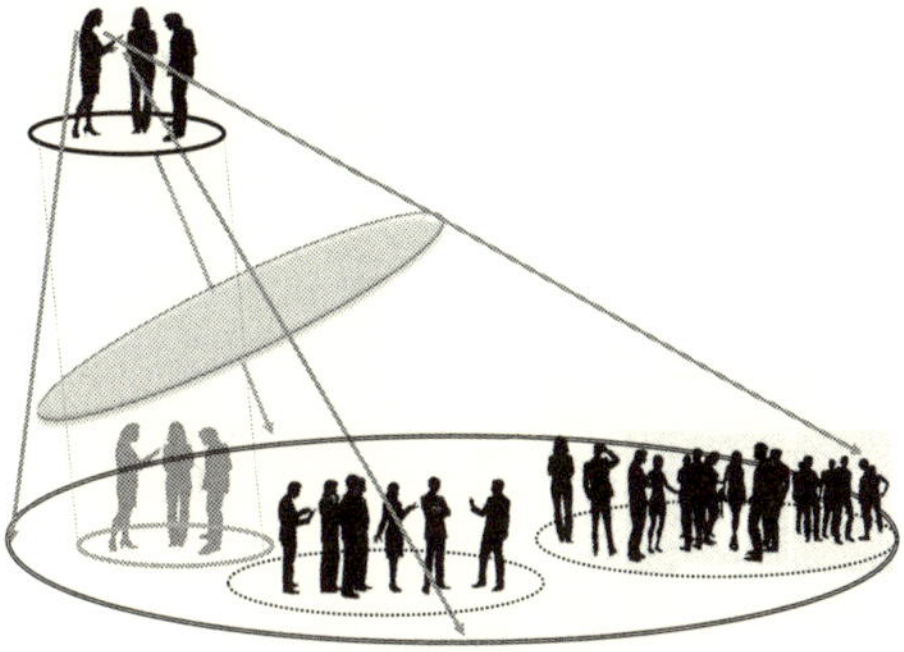

図1-8　社会の観察

むしろ、ゲームをするということ、企業戦略を練ることなどを考えればわかるように、こうしたパースペクティブは必ず存在するということを知る必要がある。このパースペクティブがないと、組織を編成すること、組織的行動というものはありえなくなるだろう。

そして、このパースペクティブは、対面状況でのリーダーシップを超えて、匿名水準においても適用可能である。グローバル大企業のCEOが企業統治をする場合、高級官僚や内閣総理大臣、内閣官房長官が日本国民を眺め政策を立案し決定し、それを実施していく場合には、そうした匿名水準でのパースペクティブにより企業社会、国家社会を観察することになる（図1-8）。

例えば、「物価安定の目標を消費者物価の前年比上昇率で二パーセントとしていく」という経済政策、あるいは「愛媛県今治市に獣医学部設置認可を行い岩盤規制に風穴をあける」などは、戦略的パースペクティブにより日本の経済社会を観察して決定されるものである。自らも、その経済社会の一員の可能性もあるが、そこから外に出て「全体」を「客観化」して観察するということである。

これの「客観性」が、いかに確保されるのか、捉える「全体」とはどのようにして「全体」か、その帰属点は、古典的な民主政理論においては、議会での討議により達成される「合意」ということであったが、現在では、後述するとおり、身体を基底とした、媒体「音」と「光」が作り出す時空に結ばれる像に求められることになる。それが、リアルだとされれば、リアルということになる。

## 三、媒体「言語」と「人」

### 1．言語行為——再説と拡張

パースペクティブが拓く時空の分節を、シンボリックに表象する媒体「言語」が寄与する。ただし、言語は、それがする表現が、それにより表現される出来事そのものを模写あるいは再現し、その模写あるいは再現を一方から他方に伝達するために機能する媒体にすぎないのではない。

(一) 日本銀行は、物価安定の目標を消費者物価の前年比上昇率で二パーセントとしている[10]。

という文は、「物価安定が、消費者物価前年比二パーセントの上昇率である」という事実を表現しているのであろうか。それとも、日本銀行が、そうである事実を期待しているのだろうか。いったいどちらであろう。この文は、書き換えると、次のような構造になろう。

「日本銀行は、『物価安定の目標を消費者物価の前年比上昇率で二パーセント』としている」。すなわち、〔日本銀行は「…」と考えている〕、ということになろう。「…」で括られた命題文が、複文の中にある名詞節で表現される出来事を、主語「日本銀行」が「考える」ということである。「と『考える』」は、辞書を通覧していけば枚挙することができる。これ以外にも、と『思う』」、と『信じる』」、と『判断する』」、と『考察する』」などとして例示列挙していき同類を一群にまとめてみることができる動詞である。これは、遂行動詞（performative verb）と呼ばれている[11]。

そして大切なことは、この文は、さらに次の行為（やはり文で表現できるだろう）への接続が予期されていることである。すなわち、日本銀行が物価安定目標として消費者物価の前年比上昇率二パーセントを考えているのだから、きっと二パーセント上昇するだろう。そうであれば、値段が上がる前に消費したほうが得するだろうという期待であり、そういう思惑が、日本の経済社会において優勢であれば、実際に消費という行為が増加していくことにつながる。

一般的に言い換えると、名詞節部分に命題文として表現された客観的内容を、誰かに（国民に）伝達するというよりは、むしろそれに基づいて期待される行為が接続し遂行されていくことを期待しているのである。

したがって、オースチンは、「何かを言うことは、実は何かをするということである（To say something is to do something.）」[12]としたのである。例文は、そう発表することで、ただそのことを伝えているだけではなく、消費をしてもらう期待、あるいは依頼をしているということなのである。

何か言うことは、実は何かをすることにほかならない。つまり、諸言説が実は諸行為にほかならないということである。そうした発語内の力（illocutionary force）があり、行為状況、言い換えれば、行為のシークエンス（古典的には「行為連関」）が形成されていくということである。

それだから、オースチンは、辞書を自由な気分で通覧して、遂行動詞を枚挙しつつ類似したものをまとめて整理をしていくなら、行為の諸類型を考えてみることができると考えたのである[13]。これが、言語行為論の核心である発語内行為（illocutionary act）ということである。何か言葉を発している「内に」何かをしているということである。

（二）米ワシントンを訪問中の石原慎太郎東京都知事は一六日午後（日本時間一七日未明）、現地で講演し、都が尖閣諸島を購入する方針を明らかにした[14]。

（三）小泉純一郎首相は一〇日の衆院本会議で、靖国神社参拝について「戦没者に心からの感謝で参拝したいと思う。八月一五日に真心を込めて参拝するつもりだ」と述べ、終戦記念日当日に行うことを明言した[15]。

（四）安倍首相は諮問会議で、骨太の方針の策定について「重点的に取り組むべき施策を絞り込み、GDP六〇〇兆円にどのように寄与するか具体的に示してもらいたい」と指示した[16]。

（五）死は、それが望まれるのは、苦からの救いだけではなく、同時により善き生への約束であると、ポックリ寺の僧侶は語る[17]。

(六) 家族慰労金の支給は、嫁・妻・娘の過酷な介護負担を〈家族の情愛〉〈日本の美風〉の名の下に当然視しようとするものであり、長期にわたる過酷な介護を家族に強いることで、逆に家族の崩壊をもたらす極めて危険な施策である[18]。

(二) (三) は、予定される事実の確認というよりは、決意表明という強い主観的思いの発言であり、批判者に対するそれによる挑発ということでもある。と同時に、章末の註からわかるように (二) (三) は、『朝日新聞』の記事であり、それぞれ、「と、『朝日新聞』が報じている」となる。これは、事実を事実として報道するというよりは、懸念を表明しているということでもある。

(四) は、近未来の事実確認あるいは策定依頼というよりは、自らの決意表明であろうし、アベノミクスへの企業、国民の期待を期待しているということになろう。これは、『讀賣新聞』の記事であり、「と、『讀賣新聞』が報じている」となる。

(五) は、事実確認だとしたら、それの検証は難しい。そうではなく聖職者による信仰についての解釈であり、信者に対しては教えということになる。

(六) は、介護保険制度整備に際して、保険制度は不要、日本には家族制度があるという守旧派の因襲に対して、設計された制度の実施を要望した文であるが、文にある命題内容の事実（嫁・妻・娘の過酷な介護負担、〈家族の情愛〉、〈日本の美風〉など）の客観性、またその規範（当然視しようとする、長期にわたる過酷な介護を家族に強いるなど）の正当性が問われる事柄である。

それゆえに、ハーバマスに代表される二〇世紀の社会理論は、こうした事実の客観性、規範の正当性についでは、コミュニケーションという伝達にとどまらず、討議の水準に引き上げ、合意獲得を達成する必要が生じることを確認し、発語内行為の問題を討議理論の問題へと拡張するように考えるようになった[19]。

実際、言論が、社会の人々の意思決定を確認しその妥当性を問うには、情報伝達の水準にとどまらず、その命題内容について討議をして合意を達成することが、近代主義の理念のはずではあった[20]。しかしながら、これは近代主義の陥穽《かんせい》でもある。発語内の力は、果たして言語的にのみとどめることができるのだろうかという問題がある。

実際、オースチンは、「言うことは行うことである」という発語内行為とともに、その前提としてある、例えば口を動かす、声帯を震わせるなどの発語行為（locutionary act）、発語により驚く、ショックを受ける、怒るなどの心理的効果を発語媒介効果（perlocutionary effect）と捉え、発語媒介行為（perlocutionary act）として分類した。オースチンも、これを没慣習的としているが、発語する行為、人間の所作によってもたらされる、体験の連鎖の発生は、ショック、驚き、怒りなどとして帰結するとしても、それもまた実は慣習としてわれわれは知っている。

ジョン・スチュアート・ミルからハーバマスに至るまでの近代民主政思想の古典的公共性にある

**表1-1　古典的公共性と言語行為の関係**

| | | 媒介 | |
|---|---|---|---|
| | | 音 | 光 |
| 言語行為 | 発語行為 | (1) | (2) |
| | 発語内的行為 | 古典的公共性 | |
| | 発語媒介行為 | (3) | (4) |

理性主義は、感覚、感情の水準を理性主義により排除してきたが、そこで排除される諸要素も実は人間生活の一部であることは否定できない。

さらに、二〇世紀のマス・メディア、広告の日常生活への広範な影響は、発語とそれがもたらす心理的効果・影響を前提に制作されてきたことを思い起こさねばならないであろう。

それゆえに、私は、言語行為論は、拡張せねばならないし、発語とともに存在する身体運動も考慮に入れなければならないと考える（**表1-1**）。実際、発語行為、発語媒介行為は、ともに身体水準での活動である。これらは、身体という媒体を基底にして、より基礎的な媒体である「音」と「光」と関係している[21]。それゆえに、この水準は、二一世紀に機械により代替されもしていくことになる。メガフォン、拡声器から、マイクロフォン、レコード、テープレコーダー、ＣＤ、ＤＶＤ、人工音声など、発語とその効果は、音響工学により新しく生み出され、さらに設計されていく。そして、そもそもの目鼻立ち、表情、声の高低、しゃべり方など、発語の発語外的要素をどう演出、変形していくかということも問題となる。

## 2．仮想時空「社会の社会」のリアル

というのも、こうした工学技術の進化とそれへの依存こそ、身体が拓く時空を、急激にかつ広範に変化させていることを認めなければならないからである。

遠近の分節、対面と観察、そして現在、過去、未来の時間軸が、それを取り結ぶというだけではなく、この社会的世界の中に社会的世界が、あるいはその社会的世界の外に社会的世界が仮想展開されているのが現在だからである。これは、「音」と「光」という物理的媒体と、それを知覚感覚する身体とその派生から作り上げられていくからである。

手旗信号、モールス信号から、電話、無線機を経て携帯電話、スマートフォンへの進化。劇場、映画から、ラジオ、テレビ、ビデオ、ウォークマンを経てiPod（アイポッド）、インターネットを介して、YouTube（ユーチューブ）、ネットテレビへの進化。算盤、計算尺、タイガー計算器、電卓からコンピュータに至るまでの進化は、身体とその派生を基底にした、媒体「音」と「光」が可能にする共進化（co-evolution）により拡張され充実されていった世界であり、この世界が、それまでの世界に内属するのか、逆にこれまでの世界がそれに内属するのかも不鮮明となった。社会の中に社会が、現象しているのである。

## 四、老化、寿命、代替

最後に、身体の特徴は、それが生物有機体だということである。したがって、老化し、さらに寿命があり、終には死ぬことになる。身体が空間を拓くという機能は、身体、器官の延長としての道具があり、これが工学的技術の進化とともに、新たな水準の時空を拓くことを理解させてくれる。そこでは、戦略的パースペクティブにより観察する主体として「人（たち）」が現出し、それにより観察され捕捉されている「人（たち）」がいる。

組織と制度とは、基本的にこの前提で秩序が想定されており、人（たち）を観察して、別の水準の人（たち）へと整序していくことになる。ボランタリー・アソシエーションと呼ばれる自発的結社から、法制度に基づいた法人企業・団体も、原理的には身体の道具的延長であると考えることができる。

こうした社会技術により設計された組織、団体、制度の場合にも、老化や寿命を考えてみることができるはずである。日本的経営として、終身雇用、年功序列賃金、企業内組合という歴史的制度は、一九二〇年代の萌芽から、一九九〇年代には、ポストバブルの長い経済不況にさらされ老化していき、これらが寿命となった企業も珍しいことではなかった。企業年金のような制度も、確定給付型の年金制度が、確定拠出型のそれに移行していくことになったのも、前者の老化、寿命であり、それゆえの代替ということでもある。

しかしながら、新しい制度が、老化防止、寿命延長ということなのか、まったく新しい時空の開拓であるのかということについてどう考えるのかは、もちろん見きわめて、人は生きていく必要もある。

仮想通貨が発明され、それまでの各国中央銀行発行の法定通貨中心主義から、分散型コンピュータネットワーク世界での貨幣の可能性を予想すると、老化防止、寿命延長というよりは、新しい次元への展開というようにも見える。すなわち、それまでの道具とはまったく違う道具の出現ということであり、それによる新しい時空が展開する可能性が拓けたということであり、その出来事の連鎖に出現する人（たち）は、それまでとは違う人（たち）でなければならないことも期待される。しかしながら、それの寿命が、どれくらい長く新しいのか、それどころか出現とともに急速に老化してしまうものでしかないかは、細かく見きわめなければならない。

ＡＩの発達と普及が、人間の働き方を変えるなどとも言うが、それがどのように代替していくのか。そのとき、代替された身体の側の老化と寿命とは、いったいどのようになるのかについては考える必要がある。

## 註

1 媒体「言語」「人」をはじめ、理論社会学の根本詳細については、森　元孝『理論社会学——社会構築のための媒体と論理』東信堂、二〇一四年を参照。

2 第1部第三章。

3 第3部第二章。

4 第3部第一章。

5 理解の助けのため「人」のシルエットの図を用いているが、著作権フリーの原画をもとに著者が加工を施して作成した。原画とまったく同じものは使用していない。

6 このことを理論的に明瞭にしたのは、アルフレート・シュッツである。詳しくは、森(二〇一四)四五頁以下を参照。シュッツの原典は、Alfred Schütz, *Der sinnhafte Aufbau der sozialen Welt -Eine Einleitung in die verstehende Soziologie*, *Alfred Schütz Werkausgabe Band II*, UVK Verlagsgesellschaft / Konstanz 1932[2004]; Alfred Schutz, *The Phenomenology of the Social World*, Northwestern University Press / Evanston 1967. シュッツの社会理論史上の位置づけについては、森元孝『アルフレート・シュッツのウィーン——社会科学の自由主義的転換の構想とその時代』新評論　一九九五年、森元孝『アルフレッド・シュッツ——主観的時間と社会的空間』東信堂　二〇〇〇年。

7 内集団と外集団の区別は、第3部第五章4（一一五頁）参照。

8 Fritz Heider, "Ding und Medium", in: *Zeitschrift Sympoion: Philosophische Zeitschrift fürForschung und Aussprache*, Jg. 1 Heft 2, Berlin 1926, S.109-157; *Ding und Medium* (hersgegeben und mit einem Vorwort versehen von Dirk Baecker), Kulturverlag Kadmos / Berlin 2005; "Thing and Medium", in: *Psychological Issues*, Vol.1, No. 3, InternationalUniversities Press / New York 1959, pp.1-34.

9 さらに詳しくは、森（二〇一四）「第2部　社会体系論」参照。

10 日本銀行「当面の金融政策運営について」『金融政策に関する決定事項等』（二〇一三年三月七日）二頁。

11 John L. Austin, *How to do Things with Words* (Second edition), Harvard University Press 1962. J. L. オースチン『言語と行為』(坂本百大訳) 大修館　一九七八年。

12 Austin (1962), p.7. 邦訳一三頁。

13 本書では扱わないが、オースチンは実際に遂行動詞を枚挙分類して、判定宣告型（Verdictives）、権限行使型（Ex-ercitives）、行為拘束型（Commissives）、態度表明型（Behabitives）、言明解説型（Expositives）という五類型に整理した。オースチンの前掲書を参照してほしい。さらにハーバマスは、後述する討議との関係で、普遍語用論という理論に拡張して、やはり発語内行為（発語内的力）の分類例として、遂行動詞を枚挙分類して四類型を提案した。これについては、森（二〇一四）一五八頁以下を参照。

14 『朝日新聞』二〇一二年四月一七日夕刊一頁。

15 『朝日新聞』二〇〇一年五月一一日朝刊二頁。

16 『讀賣新聞』二〇一六年四月五日朝刊九頁。

17 第2部第二章4.（五九頁）参照。

18 三党合意は認められない！ 六二三団体集会「介護保険見直しの撤回を求める要望書」（一九九九年一一月一二日）。介護保険制度は、二〇〇〇年四月一日施行であるが、そもそもは一九八九年一二月の「高齢者保健福祉推進十か年戦略（ゴールドプラン）」策定に始まり、保険制度として稼働するまで十余年がかかっている。介護保険制度史研究会編著『介護保険制度史――基本構想から法施行まで』社会保険研究所　二〇一六年、六五二―四頁。

19 森（二〇一四）一五五―六六頁。

20 第3部第一章で展開している。

21 表1‐1における(1)から(4)について例を思い浮かべることはさほど難しいことではない。本書では、この詳細については触れない。森（二〇一四）第4章五七頁、第5章七九頁参照。

# 第２部
# 「勤労」の帰結
## ——人生の同一性

# 一、長寿というリスク

## 1. 逝くまでの世界――ある事例

ポックリ逝ってしまうとしたら、どんなに幸せだろうか。自らの生を自ら決めることができるとしたら、どんなに幸せだろうか。いや、そう考えることは冒涜《ぼうとく》か。

日本人の平均寿命は、女八七・一四歳、男八〇・九八歳という[1]。「超長寿社会」という言葉さえある。さて、長寿は素晴らしいことなのだろうか。そういう問いを立てることが、ただちに不謹慎だとされるのが、日本の社会的特質でもあるかもしれない。だから、そうであるために「健康で長生き」と言われ続けているのだが、実はそれは長寿と健康とが一致していないことの裏返しでもある。老化は間違いなく進行していく。「健康」とは、それ自体、加齢の進行とともにその内容を変化させていくはずのものでなければならない。年を重ねるにつれ、若い時と変わらぬままというのは、理想であり思いでしかないことを肝に銘じる必要がある。

それだから、医療と介護が、長寿と健康とにある不一致を、老化の進行を加味しながら「克服」しようとする行為ということにもなるのかもしれないが、果たしてどのように長寿と健康とを架橋してくれるかについて正解をもたらしてくれることはないだろう。

元サラリーマンのある男性A九〇歳。その妻、元専業主婦であったB八七歳の場合。全国展開している有料老人ホームに夫婦で、しかしながらフロアの異なる別室で入所している。入所契約の保証人は、還暦前の長男Cがなっている。

Aは、八九歳の入所時、要介護四であった。六五歳で四二年勤めた会社を退職し、趣味でいわゆる「悠々自適」の老後を送ってきたつもりだが、七六歳のときに脳梗塞を起こし入院。三ヵ月のリハビリをして自宅に戻ってくることができた。左半身の一部が麻痺。その当時、要介護四。リハビリ期間中から、三歳若い配偶者Bが介護保険というものを初めて使用し、在宅介護サービスを利用。居住する市の地域包括支援センターが紹介したケアマネージャーの介護プランに従い住居の一部分について、手すりの設置や専用ベッドなどを配置してもらうサービスを受け、在宅で妻が夫を介護する家族介護が始まった。しかしすでに、老老介護の始まりでもあった。

それから一三年、夫は、要介護一にまで回復していったが、配偶者も八六歳となり、老老介護もきわめて難しくなってきたとき、夫Aは、再び脳梗塞を起こし、室内で転倒。一一九番による救急搬送されそこで緊急手術。

当直医は、遠方からかけつけた長男Cに、リハビリをして回復したとしても、よくて寝たきり状態だろうと説明。加えてその当直医、同席した看護師、病院のケアマネージャーから、Aの状態を診る限り、母親であるBが永年行ってきた介護も客観的に見て、もう限界であり、これ以上は不可能であろうと、長男Cは告げられる。さらに配偶者B自身が、すでに認知症である可能性があり、早急に介護認定を受けて対応をする必要があると告げられる。

救急搬送された病院に入院できる期間は二週間ほどに限られている。病院のケアマネージャーが斡旋紹介する近隣のいくつかのリハビリ、慢性期病院の中から、長男Cは、最終的にその父Aが、一三年前の脳梗塞後、リハビリをしたと聞いていた病院を選びそこで数ヶ月リハビリをしてもらうことにした。

結果として、車椅子で姿勢を保つことまでは可能となった。長男Cは、母であるこの男の配偶者Bを、かかりつけの主治医だという医院に連れて行き、いわゆる物忘れ外来として、その検査を受けてもらうことになる。結果は、アルツハイマー性認知症が始まっているということであった。

母であるBも八〇代半ばを過ぎ、歩行器が必要となり、認知症が始まっているということを知り、関東で仕事をしている長男、同じく遠方で仕事する次男Dによる毎月交互の様子見や援助ではもう限界が来たと判断せねばならなかった。

ひとりでの買い物さえ難しくなり、ガスを冬期の暖房に使用する典型的な世代でもあり、さらには老老介護に加えて預金通帳などの財産管理も大きな心配となる。実際、Bが大事にしまいすぎ、そしてどこに入れたかを忘れてしまったために、長男Cが、通帳の取引を、当該銀行に緊急電話をして一時的に止めたことさえあった。老老介護ではあったが、二人で生活をしていたということが、まだ幸いでさえあったということである。どう考えても、Bがひとりで生活し、かつ夫Aが入院する病院にひとりで見舞いに行くことも到底不可能だろうとわかったので、夫Aのリハビリ終了までの間に、子である長男Cと次男Dが住む関東一帯のどこか適当なところに、有料老人ホームをさがし、ふたり揃って入居してもらうことにならざるをえないと兄弟で決断することになった。

ただし、高度成長期の猛烈サラリーマンの夫と、専業主婦の妻という因襲的な夫唱婦随関係、長い老老介護もその延長であったと考え、子である長男Cと次男Dは相談の上、二人にそれぞれ違うフロアにある別室を準備した。

そして入所。現在、要介護五の夫は、居宅利用、食事、介護費用など月三〇万円、要介護一の妻は二五万円ほどの費用がかかる。年六百万円以上が必要となる。ちなみに、この夫婦の在所中にかかる金額は、入所時に前払金を一人あたり八百万円ほど支払って、この額となっている。この前払金がないと、現在よりもさらに月二割から三割費用がかかる。そういう点では、少なくとも物質的な面では、恵まれたクロージングをすることができる夫婦だということができるのかもしれない。

これから二人がともに一〇年生き続けると、六千万円超が必要となる。ひとりだけだとしても、三千万円にもなる費用が必要となる。これを途轍もない金額と考えるか、「普通は」可能なものだと考えるのか、これが日本人の老後の重大な経済問題だということになるし、長寿は、それを経験する個人に、途轍もないリスクだということになってしまっている。

一部上場企業で役員の経験もあった夫A。その公的年金は、支給年額は二八〇万円を少し超えるという。これに勤めてきた会社の企業年金が年二〇万円ほど加わる。ともに終身年金である。専業主婦であった妻Bの公的年金は、いわゆる三号被保険者の八〇万円ほど。

昭和ひと桁生まれのこの夫婦、昭和二〇年代半ばから働き、昭和三〇（一九五五）年結婚している。まさしく戦後日本のサラリーマン像のひとつを代表する生活様式である「男は会社、女は家庭」という日本的勤労家族世界の中で生き続けてきた。

八〇代後半を過ぎていく、この夫婦、年収は合計すると三九〇万円ほどにもなり、いわゆる現役世代に匹敵するとも言われる裕福な老後だとも言えるかもしれない。後期高齢者医療保険料が年二五万円ほど、介護保険料も年二五万円ほどかかる。夫の分は年金から天引きされ、妻の前者分は、配偶者として夫の口座から引き落とされている。この方が、社会保険控除が効くということなのだろう。さらに所得税、住民税がかかるが、年間の実所得は一年二五〇万円を超えるという。

この夫婦が「幸せ」だとしたら、夫八九歳、妻八六歳になってようやく、この種の施設に入所することになったということかもしれない。すなわちその時まで、二人そろって、あるいはどちらか一方が、身体的にも精神的にも「健康」で居ることができ、それまで住み慣れた自宅で生活し続けることができたということである。夫の介護認定が現在「要介護五」だとしても、最初に倒れて以来、ここに至るまで配偶者が持続して介護をしていたということをよく表している。日本政府が、二〇世紀末まで、そのモデルにしてきた家族による在宅介護、この夫婦の場合、実質はいわゆる老老介護でやり抜いてきたということになる。しかしながら、いよいよ夫についても専門の介護が必要となり、配偶者Bについても介護が必要となったというのが、配偶者Bにも「要介護一」という判定が出たということである。

年二五〇万円の実所得があるのであれば、一〇年で二千五百万円。二人で六千万円超必要というホームの居住費用から、これを減ずると、おそらく三千万から三千六百万円の自己資金がなければならないことになる。会社員の長男C自身には、これだけの費用を用意することは不可能である。すでに夫A九〇歳であるが、二〇数年前の退職金の残金を含め預貯金があり、さらに四〇年以上住み続けた自宅土地を売却することができ、必要な金額を確保することができたので、それにより、この老夫婦は、まさしく括弧の付いた「幸せ」を買うことができたということになる。

しかしながら、八〇歳で入所することになっていたとしたらどうだろうか。あるいは一一〇歳まで生きたとしたら、どうなるだろうか。様相は当然大きく変わっていくだろう。長寿は、大きなリスクだと知覚される現代日本である。

有料老人ホームにおいて物質的に豊かなクロージングに入っていくことが「幸せ」だとしたら、「利用費用―年金所得＋X」の値のプラスマイナスが、その分岐点ということになる。Xを、どのように準備することができたかどうかにすべてがかかっていることになる。就労期間中の給与、賞与による財テク、蓄財。居所の不動産売却による資金。さらには親の世代からの遺産などがある恵まれた人もいるだろう。それらがなければ、それぞれに合わせたクロージングの形を探さなければならないことになる。いつか死ぬのだが、それがいつかわからぬ長寿は、大いなるリスクともなるということである。

## 2．逝くまでの諸類型

さて、別室ではあるがこの夫婦が入居した介護付き有料老人ホームとは、生活全般にわたる援助と、さらに必要に応じた介護をすることにより、生活を維持していくための施設である。言い換えれば、看取りも含めて、死ぬまで生活をすることができるところとなる。

医療と看護により在宅での生活に、今一度復帰することを前提にした老人保健施設や、自宅での介護に適さない状態となった人が入る特別養護老人施設においては、医療によっても支援されることが前提となる。またこれらとは別にサービス付高齢者住宅という、非常時をのぞき通常は身の回りの生活ができる人の住居施設もあるが、これとも違っている。

さらには、この二人が十数年にわたって老老介護で使用してきた、居住者宅への介護などの支援をする在宅介護サービス．在宅医療とも、区別される形態である。二〇一二（平成二四）年七五一九施設から、二〇一五（平成二七）年一万六五一施設へと急速に増加している[2]。運営する企業体は、二一世紀になって、介護という業界に参入し大手となっていった企業が主要であり、終身雇用で退職したサラリーマン、公務員など、まとまった退職金のある人をターゲットにしたビジネスということもできる。

この種の有料老人ホームが増加し、それがひとつのビジネスのようにもなっているのには明確な理由がある。

日本人は、その六割が、自宅で静かに臨終することをのぞんでいるという。それだから、思わぬ長寿で施設に入ることが大いなるリスクと知覚されるのである。著名な医学者池上直己は、こんなふうに的確に描いている。

「日本人は医療に対して非現実な期待を抱いている。

小津安二郎の『東京物語』のシーン、医師が看護師を連れて往診し『ご臨終です』と集まった家族に告ぐのは全くの虚構。亡くなる時は基本的にひとりであることを受け入れる社会にする必要がある」[3]と。

死ぬときこそ、その人の希望を実現してあげなければならないという、実はほぼ不可能でしかない要請のために、今も家族による在宅介護、自宅で臨終ということが「理想」のように言われるが、これについては考え直す必要があろう。こうした映画やテレビのドラマが創り出してきた臨終のシーンを美的形象としてしまうことの危うさ、いかがわしさは直視せねばなるまい。

というのも、医者が看護師とともに訪れて、そこで臨終することは、あっても稀であり、偶然中の偶然でしかないからである。死ぬことはわかっていても、いつ死ぬのかについては正確にはわからないことが普通であり、そのリスクを覚知していなければならないのである[4]。しかし、このことは、たしかに死ぬときはひとりと言いながら、終わりの見えない老老介護が現実に存在することを知れば、死ぬまでひとりになりきれないというリスクも含まれている。

池上は、米国の研究を引いて、死に至るプロセスについて、三つのパターンを挙げて説明をしている[5]。すなわち、①「がん等」、②「心臓・肺・肝臓等の臓器不全」、③「認知症・老衰等」の類別である、

①「がん等」は、死亡の数週間前まで日常生活機能は自立しているが、ある時期を境に急速に衰弱していく。この場合の「終末期」は、一ヶ月以内の短期と予想でき、意識、認知能力も最後まで保たれている。

②「心臓・肺・肝臓等の臓器不全」は、二から五年のスパンで機能が低下していき、そのプロセスで何度か急速に悪化、小康状態を経てある水準には戻るが、元には戻ることなく退行していく。この場合の「終末期」は長く、治療して改善しても、悪化前より高いレベルに戻ることはなく確実に悪い方向に退行していく。

③「認知症・老衰等」は、五年以上の経過をたどって徐々に機能が低下していく。急速に悪化して入院が必要になることもないが、末期には食事を自分で摂取することも難しくなる。いつから「終末期」とするかは、②の場合以上にさらに難しい。

これらとは異なり、事故により、あるいは疾病により突然死ぬ場合には、「終末期」という期間を考えることそのものがそもそも難しくなる。「死」とそこへの「終末期」という関係がある場合のリスクを考えなければならないのである。

すなわち「終末期」は、生きている期間だということである。そしてこの期間、生きる目的、生きる意味は、いったいどのように理解すればよいのであろうか。そしてそれは本人が理解するのか、それともそれ以外の人もその人のために理解せねばならないのであろうか。それを「理解」するとはいったい、どのような状態を言えばよいのであろうか。そしてそのためのリソースは、どこからどうやって調達してくれればよいのだろうか。

この期間、とりわけ身体機能が低下して、自立能力が失われていくことに対しては、医師が診断し看護師とともに医療措置をするというよりは、介護が中心になっていくということになる。「介護する」と「介護される」という関係が、「自立させる」と「自立する」という関係に重ねられ、さらには読み換えられて、終末期のまさしくその最期まで、「自立する」が維持されなければならないように理想化されている。

しかしながら、この関係は、積極的かつ楽観的で好意的な文脈をあてて捉えることができるのであれば、それはそれで大いに幸せであるかもしれないが、しばしば生きたいとは思うが、若く健康な時の身体機能、認知機能にはもはや戻ることができないとわかった人には、自己のきわめて厳しいリアルと向き合い続けなければならない期間が果てしなく続いていくということでもある。

この点で、医師が看護師を連れて往診し、家族に「臨終です」と告げるシーンは非現実でありすぎ、それを家族愛だ、家族の美的形象だと捉えなければならないというのなら、それはきわめて喜劇めいた悲劇でしかない[6]。

介護保険制度導入に際して論議となった問題。「日本は家族介護が伝統だ」という怪しげな「理念」がそのままとなり、日本社会では、在宅で家族が介護するものだとして、最後の看取りまでの、時により想像を超えるきわめて長い期間、それを押しつけられてきた「嫁」なる呼び方の役割に嵌め込まれていた人を解放することにあったことを知らねばならない[7]。いわゆる「親族関係解消」が増加しているという現実も、このことのたいへん正当な裏返しだということでもある。

## 3．ケアという行為の存立

さて、医療と同様に、介護は、身体機能の低下による生活（生きる活動）の障碍《しょうがい》を補償する行為である。医療と介護とは異なるとされているが、その区別は医者による診療、治療、そして看護師による看護に対して、在宅においてかつて「妻」「嫁」が介護に従事させられる構造があったことにまだなお繋がっている可能性もある。

有料老人ホームにおいても、医師や歯科医が在宅訪問の場合同様に定期的に訪問診療をするか、あるいは適宜、その老人ホームから医療機関に通院をするという形で、入居者は医療にかかることになる。これは、在宅で、医療にかかるのと似てはいる。

そういう点で、有料老人ホームは、居住空間ということにされている。これに対して、介護老人保健施設（老健）、指定介護老人福祉施設（特別養護老人ホーム）は、介護という生活援助のみならず医療が常時かかわってくる。指定介護療養型医療施設となると、病院ということになる。

医療と介護とは、より広くケアとも呼ばれる。このケアという一般概念が、社会的分業を経て、それぞれの行為主体、すなわち従事者の類型として区別されていく。

すなわち、医師、歯科医師、医療スタッフ[8]である、看護師、薬剤師、臨床検査技師、診療放射線技師、臨床工学技士、理学療法士、作業療法士、言語聴覚士、視能訓練士、義肢装具士、臨床心理士、栄養士、歯科衛生士、保健師、救急救命士、社会福祉士、介護福祉士などとして専門分野に細分化され、医師あるいは歯科医師の指示のもとで業務を遂行していく。

この業務の細分化は、医療保険制度とは別に、二〇〇〇年から介護保険制度を制定していったことにも表現されている。すなわち、病院での診療とは別に、ケアマネージメントが必要となり、老人福祉施設が多種多様に細分化されていかねばならないほど、老人の数が増え、かつ「終末期」への対応がきわめて深刻になっていったということでもある。

介護(ケア)を身体機能障碍の補償行為としたが、認知症もそうした機能障碍であり、これをグループホームはじめ前述の老人福祉施設において専門家が補償していく。

この補償行為の主体は、介護福祉士か、訪問介護員(ホームヘルパー)か、あるいは看護師か、医師や歯科医師か。補償というこの行為の主体を確認するに際して、その帰属点の確定は、その行為が行為として意味をなす脈絡水準によって多様である。

さる有料老人ホームにおいて、ある入所者のおむつの交換は、入所者あるいはその家族との契約をしているゆえに介護福祉士が行う。そこの事務員は行わない。この脈絡で動機に遡って「契約をしている」「家族が常時できないので」などの動機の脈絡で、あるいは「専門家に依頼することで安全のために」「本人にとり家族に迷惑をかけていないという気遣いをしすぎないために」という理由の脈絡などで、こうした行為は意味づけられている。

要介護の認定度合が上がり、尿道カテーテルを装着しなければならない場合など、これの取り替えなどの対応は、医療行為となり医師あるいはその指導のもとで看護師が行うことになる。これも類似の動機的脈絡をあてて、理由と目的を挙げていくことはできる。

医療技術の進歩は、補償の技術化を徹底していくのである。胃瘻《いろう》（人工的水分栄養補給法）、人工呼吸器などは、人工知能が進化していくに合わせてさらに変態をしていくだろう。

言い換えれば、「生きている」と「生かされている」の区別が徹底的に不鮮明となっていくのである。補償により生かされていることと、補償とともに生きていることの差異確認が難しくなるが、近代社会のルールでは、やはりその動機脈絡をたどらざるをえないのである。

それがどのような意味を持つのかという有意性の水準区別は、「医者が言うから」「名医が言うから」「大学病院の医者が言うから」「有名有料老人ホームが契約しているクリニックの医者が言うから」という日常的な理由づけの彩りとともに、医師免許という国家資格に基づいた制度の脈絡の上でなされたと解することができる、そのための水準が用意されていて、そこでの異同と変様は実は状況に依存していて任意になされるものでしかない。

アルツハイマー型認知症の場合、脳の後天的な器質障碍により認知機能が減退していき、現在の医学では元に戻すことができないとされている。筋肉機能の減退と同様に、加齢による減退とした場合、加齢は人間誰もが等しく経験するということを考えると、「年齢が年齢だから仕方がない」という理由づけになるのだろう。

脳梗塞により起因する血管性の認知症の場合。その認知機能低下は、脳梗塞に原因が遡及《そきゅう》されるが、その脳梗塞も加齢による血管の機能低下とされるか、あるいは若い時からの喫煙、飲酒、暴飲暴食に素因が求められもする。後者の場合、その責任は、やはり「年齢が年齢だから仕方がない」ということなのか、この人の不摂生ということに求められるのであろうか。あるいは喫煙や飲酒をいつまでも許容してきた社会に求めるべきかもしれない。

「ゆりかごから墓場まで（from the cradle to the grave）」というスローガンで始まった、医療を国家が保証する国民保険サービス（National Health Service）が、二〇世紀という時代のモデルであり、日本においても医療保険の本人一割負担、家族二割負担という時代があった。

現在は本人も三割負担であり、日本では、国民健康保険、組合健康保険、協会けんぽ（旧・政府管掌健康保険）など設立経緯をひきずり続け一元化されることはなかったし、現在は七五歳から、国民すべて後期高齢者医療保険に加入することになっている。無償ではなく、保険料を年金などの所得に応じて支払うことになる。

医療の複雑化にともない、二〇〇〇年四月からは介護保険制度も施行され、日本社会において無視できない制度として存在し機能し続けるようになった。すなわち、医療とは区別されるケアの部分の費用増大に対応するということである。これは四〇歳以上の国民すべてが保険料を支払う（二号保険者）。六五歳を過ぎて一号保険者として介護保険の利用者となっても、保険料は、後期高齢者医療保険の場合も同様であるが、逝くまで払い続けなくてはならないようになっている。

そういうのが保険なのだと説明されるのだが、いつ逝くかは誰もわからないままなのである。そこまで払い続けなければならない。保険料は引き上げられるが、年金は減額されていく現在であり、これも長寿のリスクにほかなるまい。

## 4. 老後の貯え――年金、退職金、保険

さて、さきの長男Cは、間もなく還暦となるある企業のサラリーマン。子がひとりだが、東京の私立大学に下宿して通学四年目。ここに至るまでの教育費は、幼稚園の頃から小学校高学年にかけてのピアノ、水泳などの習い事、小学校高学年から中学三年間の塾通い。そして公立高校であったが、それでも三年生は予備校の現役合格クラスに通わせた。結果、志望した有名私立大学に合格して、間もなく卒業だが、それにかかった費用は、私立大学の学費だけでも四年間五百万円ほどにもなる。月々の仕送りや、これまでのものを全部合計したらいくらになるかわからない。二千万円とも、いやもっと多くなるだろう。

しかしながら、私立大学の学費について見てみると、子の場合、二〇一七年度学費は年間一〇五万円、同じ大学に行ったこの父親のそれは、一九八〇年に二〇万円であった。同じ時期、東京山の手線外の郊外電車が走る駅前の蕎麦屋でのカツ丼は、一九八〇年に四五〇円だったが、

二〇一七年八〇〇円。この比率を考えると、私立大学のみならず国立大学も同じだが、学費というものが、驚愕するほどに値上げされてきたのである。

そうした子の大学学費への支払いとともに、郷里に住む父母の様子見に毎月通うための交通費は、関西圏で往復三万円、九州圏となるとその倍以上が必要となり、毎月だと年に少なくとも三〇万から七〇万円もの負担となっていた。それだけ費用がかかるのであれば、そしてこの長男の配偶者も、同様に高齢の父母を抱えているとなると、そう簡単に同居をすることも難しい。いっそのこと、郷里の父母の家を引き払い、通うことが便利になるので、近くの老人ホームに移り住んでもらうという選択は大いにありうることとなった。

そして、子の教育費だけではない。三五歳のときに三千五百万円の住宅ローンを組み、間もなく終える。当初の金利は四パーセント、現在は変動で一パーセントを切るまでになっているが、借りたお金を遥かに超える金額を返済してきたことにもなる。無論、土地と建物は資産として残るが、一九九〇年代前半の土地価格のままである地所は、東京二三区内のように、現在では限られたところにのみ集中している。

子の教育費と、住宅ローンとで億にも達する負担に耐えてきた三〇年超という壮年人生は、いったい何であったのか。

しかしながら、人生はこれで終わりということではない。定年退職後の「黄金の十年」などと言われるものがあるとされていたが[9]、その後、「終末期」まで長い時間が続いていくことになるのかもしれない。趣味でもあればそれがよいのかどうかも、実は不明である。

ある生命保険会社は、人生に必要な資金として、教育費二千万円、住宅ローン四千万円、そして最後に、それを超えて老後資金として夫婦合わせて九千万円が必要だと、確定拠出型企業年金の対象者向け説明会などで説明している。

還暦を過ぎて、果たして九千万円などという資金を確保できる日本人とは、いったいどんな人たちか。大企業の経営者、次官や局長にまで出世した中央官庁の役人、ベストセラー作家、ミリオンセラー歌手か。

しかしながら、確定拠出年金の一般向け説明会や説明動画を見せられると、一般のサラリーマンにも、案外できそうな気持ちにさせる説明が平気でなされていく。九千万円という大きな金額の核になるのは、支給される公的年金でカバーされる部分である。六〇歳退職で九〇歳まで生きるとして、六五歳から九〇歳まで、夫婦合わせて税引き後年二五〇万円の年金を受給できる人であれば、これにより七千五百万円になる。残り一千五百万円分、退職金があれば、何とかなるということになるように思えてしまう。

さらに、確定拠出年金、あるいは旧来の確定給付の企業年金が、これに加われば盤石な老後を過ごすことができるというのが、こうした保険会社、銀行などの宣伝説明の基調になっているのだが、もちろんそれに確固とした保証などはない。

退職後一〇年が黄金の一〇年か、親の介護の長い一〇年が続き、その次に自分も終末期への入り口にさしかかっていることに気づくということだけかもしれない。しかしながら、逝くまで何かをしていることになる。六五歳から年金受給者となるのだとしても、九〇歳、さらには百歳まで生きても珍しいことはない時代となっており、長寿は、大いなるリスクである。

## 5．世代分裂の主因——リースマン再考

例示した有料老人ホーム入居の二人（AとB）は、この種の施設が増えているとはいえ、たいへん裕福な終末期の例である。昭和ひと桁生まれ（一九二六年一二月から三四年まで）で、戦中そして戦後、とりわけ昭和二〇年代、物質的には相当に苦しい少年時代、青年時代を送ったとしても、その当時、大学を卒業し大企業で働くことができたというのは、同年代の一割ほどにすぎない。そして、いわゆる「猛烈サラリーマン」の就労期は、長時間労働の四〇年だったとしても、その間に、そうやって仕えた企業は、大企業と中小企業という産業の二重構造はそのまま隠ぺいされ続けたが、どちらの場合も、概ね高度経済成長の恩恵を享受でき、企業規模は大きくなり、給与の限界上昇率はつねにプラスを体験し続けることができたはずである。

一九八九年から九〇年のバブル時期は、昭和ひと桁生まれの定年到達時期であり、戦後日本の高

度経済成長とそれが生んだ物質主義、拝金主義のあだ花をよく象徴していたとも言える。

この世代は、男性が戦地に赴いた大正ふた桁（一九二一年から二六年一二月まで）世代とは違い、少年航空兵、鉄血勤皇隊、少年護郷隊など志願や召集され戦地で戦闘を実際に体験した人々をのぞき、戦争についての経験は多くの場合、都市部への空襲により経験している。戦場そのものよりも、戦中の空襲、勤労動員、疎開、そして戦後の貧しさ空腹が、青年期、将来への重大な動機づけを形成していたとも考えられる[10]。しかしながら、朝鮮戦争以降、高度経済成長期をつうじて、物質的にはプラスになっていく一方の四〇年間を経験したことに、この世代の特徴がある。

この世代よりおよそ四半世紀後、昭和二〇年代後半、戦後の第一次ベビーブーム世代（一九四七年から一九四九年）の世代も[11]、高度経済成長の恩恵を受けてはいる。しかしながら、特徴的なことは、この世代はその四〇歳代にバブル経済に遭遇していることであろう。サラリーマンであれば、勤める企業は概ね好景気で良好な時期がしばらくあったが、ポストバブルの平成不況、さらに続く失われた二〇年をその就業期間の中盤から受けることになった。

一九八五年プラザ合意以降、日本の景気が拡大しバブルに至る時期に、例えば住宅ローンを組んでマイホームを取得していたとすると、そうした人たちの場合、バブル崩壊とともに、その資産価値も失われ下落しているはずである。そうして、東日本大震災の翌二〇一二年から、六五歳を迎えていくことになった世代である。

この世代について、就業時期の中盤から、賃金が頭打ちとなった人たちは、まだ良い状態で、一九九六年住宅金融専門会社の遭難から金融恐慌が始まり、会社の倒産が増加していくと、就業期間の後半に入って、相当に厳しい体験を強いられることになった人たちが少なくない世代であると考えられる。この世代の六五歳以降は、昭和ひと桁世代のそれとは、家計計算の上でも、また長期期待への期待度という点でも、大きく違っているだろうと考えられる。

リースマンは、『孤独な群衆』(一九六一年)において、伝統指向、内部指向、外部指向という三つの人間類型を提示したことはよく知られている[12]。この類型論は、経済発展とそれに連関した人口の増大を前提にした時間軸を備えたものである。

産業化の進行は、それまでの伝統指向を崩し、ジャイロスコープを内蔵して可能性を確信して進んでいく内部指向の人間を生み出していく。イノベーターということである。

しかしその産業化も頂点に達すると、物質的豊かさがすべてでしかない人間とは異なり、豊かさがすでに所与であるために物質主義への欲動は乏しくなり、そういう意味で脱物質主義が特徴的となる。独り確信に基づいて生きていこうというのではなく、自分が他人たちとどれくらい同じかどうかだけが気になる外部指向の人間ばかりになっていく、という推移を論じていた。

高度経済成長からバブルまでの期間の人間類型と、バブル後、平成不況、失われた二〇年という期間の人間類型について、例えばベネディクトの『菊と刀』に従って日本人は外部規範で西洋人は内部規範だという決めつけてしまうように、日本人は外部指向で、西洋人は内部指向だとあてはめてしまうことは難しい。というのも、経済社会をめぐる意識の不連続に、きわめて厳しいものがあると考えられるのである。

例示した昭和ひと桁生まれ、高度経済成長期にサラリーマンであった世代が、経済成長期ゆえに内部指向型であったかというと、そうではないだろう。むしろ欧米のすでに完成された技術を輸入し模倣して改良して応用していくことで成り立った高度経済成長ということを考えれば、欧米での成功例がすでにあるということにより見透しの効いた長期期待が可能であり、そのために回りを見回しながらその中で一歩あるいは半歩前に出ていればよかったということで、日本的集団主義は、高度経済成長という発展期においても、そのそもそもが外部指向型であったと考えられる。

例示した子CおよびDたち、現在、還暦を超えつつある世代、あるいはそれより一〇年ほど先行する団塊世代の場合にも、バブル以降の収入の頭打ち、土地家屋など不動産の価格下落などにより、世代を通しての収支は、親の世代とは違っている。そうではあるが、その親の世代が経験してきた終身雇用と年功序列賃金制度の中でまだ生き続けることができたという点で、やはり外部指向型のまま居続けることができた世代のはずである。ただし、親の世代には可能であった長期期待がもはや困難であることについては、はっきり自覚している世代でもある。

そこから、さらにそのCおよびDの子の世代を考えると、現在二〇代半ば三〇代後半の日本人の場合、もはや終身雇用と年功序列賃金制度さえも、将来的に維持できるかどうかきわめて難しくなっていくことに気がついている。それゆえに、まだなお外部指向型のまま、それらで居続けることができると思うと、そのリスクは、将来自らも知覚することになる長寿のリスクと重なり合って、きわめて深刻な将来となる可能性がある。こうした二重のリスクへの不安があるゆえに、長期期待への期待度はもっと決定的に低くなってしまっているということであろう。

この点で、未来社会を生きるためには、内部指向的な人格形成をしていく教育制度が殊のほか重要になってくるだろう。さらに若い世代には、一〇代の間から、そうした世界へのパースペクティブを取ることができるような教育環境、とりわけそうした教育をすることのできる教員が絶対必要とされることになるが、これを期待することが、遂行矛盾になる世代間関係になっている。

## 二、死への形而上学——没宗教性の宗教性

### 1.「死」の定義——時空の虚無と横断

死ぬことは確実であるが、それがいつであるかは不確実である。死んだら、おしまいだと言いながら、その人はまだ（みなさんの心の中に）生きている。そのお仕事は、永遠不滅だと言ったりもする。死んだ後も、まだ生きているとは、どういうことか。

人間の死の兆候は、心臓停止、呼吸停止、瞳孔拡大とされている。臓器移植という技術により、人体部位そのものを道具部品として考えることが可能となった。これは、義手、義足、人工臓器などの人工物の水準とは違っている。

すなわち、人工心臓、人工呼吸器の汎用化に伴い、もう元のように意識が覚醒することはないが、まだ生きているということにより、その生きている人体の一部を代替部品として移植するために、瞳孔拡大で確認される脳死が別の次元の死として概念化されるようになっていった。

さらに心臓停止、呼吸停止、瞳孔拡大などの生体の死とは別に、「死亡」であるためには、こうした事実確認とは違った水準で、すなわち医師という専門者による確認という法的支持も不可避である。心肺停止の状態と、死亡とはこの専門家の判定という水準で区別される。

死ぬことは確実であるが、それがいつであるかは不確実である。心臓鼓動、脈拍、そして呼吸は、等間隔に体験できる出来事であり、ずっと続いていくと思うものである。しかしその継続は生体であるかぎり永遠であることはない。この点で、終わりがあることは確実であるが、それがいつかは不確実だということになる。

それどころか、鼓動、脈拍、日の出日の入り、春夏秋冬、通勤通学、さらには掃除洗濯買い物なども含めて、等間隔、あるいはそれに類比させて知覚できる体験こそが、生が持続しているということを体験し想起させてくれる。あたかも永続していくかのように時間軸の伸長を構成していくのは、この種の体験を体験するゆえである。生きているということは、この時間軸が伸長していくということである。「死ぬ」とは、その時間軸が、そこで途絶える最終点ということになる。そしてその先は、虚無である。

生きているとは、「死ぬ」というこの終点に限りなく近づいていくということであり、この点より先には、それまでのように、そしてそれに連続する時間軸はもうない。そうなることは確実であるが、いつそうなるかは不確実であり続ける。それゆえに、生きることは、しばしば気怠《けだる》く、ただそれだけでしかないばかりで終わりなく続いていくようにも捉えられてしまう。

死が、身体機能の停止だとするなら、終末期、その生の終わりへの接近は、身体機能の衰弱である。殺される苦痛体験も含めて、老化による身体の衰弱体験。いずれも、身体の運動空間の変容である。死は、それらの終了ということになる。死以降、時間性のみならず、運動が創り出してきた、その人間の行為空間と体験空間も消滅することになる。

「老人においては、未来という余白が零の方へと向い、意味の最後の痕跡は無意味の大洋の中に消え去るのだ。(中略) われわれの存在の虚無、つまり非存在、すべての場所の虚無、つまりどこかではなくどこでもないもの、そしてあらゆる連続の虚無、そのような死がいかにしてこの人生の意味を表明することができるのだろうか。いや、虚無は『意味』をもたない。虚無はむしろ意味の欠如、つまり文字どおり無意味だ。そしてまた、『どこでもない』は一つの『方向』ではない。どここにも行かない運動を運動と呼ぶのは、むしろにがにがしい冗談とも言えよう」[13]。

死により、その人には、もう先はないし、何ももうわからない。だが、その人の終わった生を、その人の死後に他の人が想像してみることはできる。その人の死後に、その人を、あたかも生きているかのように投影するのである。そしてまた、その人自身も、まだ生きている間に、自らの死後を想像して、そこに今の自らを投影して重ねてみることもできる。

「死はたしかに喪失としてあらわになるが、しかしそれはむしろ、生き残っている人々が蒙る喪失だということである。この喪失を蒙ることについて、死につつある人が『蒙る』存在喪失そのものに接することはできない。われわれは、ほかの人々の死ぬことを真正な意味で経験することはできない」[14]。

その人の死は、その当事者が、まさに死ぬとき、その当事者だけにしかわからない。そして生きている間、その当事者もそれを想像してみることはできるが、それが本当かどうかはまったく不確かなことである。それだから、死ぬことが不安であり、死んだあとが心配になったりするのである。

## 2. 終わりまでの終わりなき日常

生とは、しばしば気怠く、毎日毎日がかったるく、ただ過ぎ行くだけであとには何も残らないとも思える。生きるということには意味があるというが、果たしてどんな意味があるのだろうか。死が虚無とされるがゆえに、それとは反対の生に意味が授けられるということとされているのかもしれない。日常生活は、終わりなき日常である[15]。本当は、死が確実に来て、終止符を打つことになるのだが、いつかはわからぬその時まで続く。

「人生はたしかに一つの意味をもっているが、その意味は一つの無意味によって妨げられている。しかも、その無意味が意味の条件となっているのだ。時がたつにつれて、意味の中に含まれている老化という逆の意味が、生成の表面にますます強くおし出してくる。そして、老化した組織が損失を償うのがしだいしだいに難しくなり、損傷を補うのがますます遅くなるように、同様に、楽観主義の希望は、失敗と失望という絶えず更新される反駁に対して一歩一歩闘いながら、日に日に確信を失い、年を重ねるにしたがってすこしずつ支えるのが難しくなる。そうだ。なぜ人が生きるのか、なんのために、そして、それらすべてがどういう意味なのか、日に日にすこしずつ言いにくくなるのだ」[16]。

さて、人生とは、いったいどんな意味か。その存立は、何により確証されるのだろうか。毎日毎日が同じであり続けるのはつまらないが、毎日毎日が同じであり続けるようであることから、そうではない新奇な発見を、まさに新奇な「そのよう」という差異として感じることができるのである。そしてさらにはその気怠さから突然に解放され、そこから引き離され続けることがあるとしたら、それはそれで実は不安を惹起することになるのである。そういう身勝手な二律背反で日常は出来上がっている[17]。

「われわれの多くは、終末があることには絶対の確信をしているが、それがいつかということについては絶対の確信がない」[18]。これが、凡人の凡人たるゆえんであり、まさしく終わりなき日常が続いていく。

だが、大物は違う。われわれの多くは、日常生活の終わりのない繰り返しに振り回されて、それが人生となる。その時間性は、終わりのない日常である。このわれわれにとっては、死が、終わりなき日常の結末であり、有機的な生の全体の終わりということになるが、それはしばしば突然であり、また状況依存的である。そこにおいて死という無機的な性質は、点として結ぶのみである。しかしながら、同時にこうした死は、終わりのなかった永続する日常という持続性に、死という終止符を打ち、それにより区切られたまとまりを永続化させることもある。「不滅」とは、そういう連関で生まれ出てくる。

死により最後の点で「結び」となる、ひとまとまりの人生は、大物の場合、客観化され意味づけられる。あるいは、大物を自覚したり、憧憬したり、羨望することができれば、生前から、自分の人生の意味を顕彰してほくそ笑むこともできる。しかしながら、小物の場合、小心翼々として、人生を客観化してみようにも、それ自体が、日常の状況に依存していて流され続けることになる。生きることへの不安は、「生きた」という、そのまとまりの意味が不鮮明となる可能性が高くなるゆえに、死への不安ということにつながっている。

死は確実であるが、それがいつかは不確実であるゆえに、「生きた」「生き抜いた」という十全性が確認されることがあるとともに、「生きられなかった」という欠損感覚を大いに被る可能性もある。人生は稠密《ちゅうみつ》に様々な出来事が充填《じゅうてん》されているようでありながら、実はそうでない、あるいはそうでなかったという欠損感覚もいつも生じる可能性がある。

「死を前にそれをひた隠し回避するは、〈近親者たち〉が互いに〈死する人〉に、死なずに自分が配慮する世界の静穏な日常へ戻るだろうと、しばしば思いこませるほどまで頑なに日常性に支配されている。そうした〈心遣い〉は、それどころか〈死する人たち〉をそれにより〈慰めている〉つもりなのである。そうすることは、自分固有で係累のない存在可能性を忌の際まで包み隠すのに役立てて、現存在にこの人を連れ戻そうということである。人は、このように死について絶え間なく鎮静化《ちんせいいか》に気を配るのである。これは実のところ〈死する人たち〉だけの気休めではなく、〈慰める人たち〉にもまさしく気休めなのである」[19]。

死に臨んでみると、当人には唯一無二の、しかも逃れることのできない出来事であり体験だから、気怠かった日常も実は懐かしく、瀕死の場合には、そこへの復帰が懐かしく有難いこととなる。それだから、他の人の死を前に、それを忌み嫌ったりすることがはばかられるのである。天寿を全うし十全充足した稠密な生涯であったれば、それはそれとして満ち足りて大いに喜ばれ、生のひとまとまりに欠損を感じ後悔と呪詛《じゅそ》とともに憤死する際には、悔やまれ慰められることもある。そうであるゆえに、みんなで一緒にその人を看取り臨終するという劇的シーンが一般化されてきたのである。

## 3. 霊的世界の始末

ここに死者と遺族との関係がある。

「〈故人〉は、死者とは違い、遺族から引き離され、葬儀、埋葬、墓参による〈配慮〉の対象である。そしてそれどころか、その存在様態において、ただ配慮可能で周りにある用具より〈ずっと大きな〉ものだからである。故人の哀悼と追憶の間、遺族たちは、敬愛する思いやりの様相で〈故人と共にある〉。死んだ人たちへの存在関係は、それゆえに身の回りの道具における配慮的存在として捉えられてはならない」[20]。

死が虚無であるのは、死者の主観的な意識ということであり、その生物的な生についてである。「故人」としての死者への関係は、そもそも社会的であり、すでに相手が死亡して虚無であるにもかかわらず、その人と相互作用関係が想起され、それを設定することができる。

社会的世界が、直接世界、同時世界、先行世界、後続世界へと、空間的に、そして時間的に分節していくことができることから[21]、死者との社会的世界、言い換えれば霊的世界についても、直接的、同時的、先行的、そして後続的という、これらへの対応関係で分節してみることができるはずである。死者が夢枕に立つ場合があるとしたら、それは直接世界の関係のはずである。葬儀や慰霊に参列する場合、それは同時世界的関係であり、死者とは同僚だということになる。墓参りをするのは、墓石を介して、あるいは聖職者を媒介にして、故人と疑似同時的関係を取り結ぶことになろう。時間軸を未来に向けて、聖職者を媒介して、あるいは諸々の象徴物を介して、未来の安全安心を祈念することも可能である。これらの故人との人間関係の原図を、様々に制度化してきたのが、人の歴史ということになろう。この水準では、生と死との区別や、それらの間に考えられる対立関係さえもが昇華されてしまう可能性さえある。

「生と死は、定立と反定立として、存在の同一の階段の上にある。しかしこのことと共に、より高次のものが生と死との上にそびえ立つ。すなわちわれわれの生存のもろもろの価値と緊張とである。それらは生と死とを超え出ているため、もはや生と死との対立に関わることがない。むしろ生はこれらのもののなかで、本当にはじめて自分自身に、つまり生自身の最高の意味に至るのである」[22]。

生と死との値は、二律背反になっているが、この区別が意味を持つのは、本来、生の側で得られる値に基づいてのはずである。生の側から、生と死とを問うことに意味がある。これは、意味と無意味との区別が、そもそもは意味の側に基づいているということと対応している。死ぬ意味とは、したがって生きる意味にほかならないであろう。生きているという現実性と、死ぬかもしれぬという可能性の区別である。死んでしまうと、その現実から、生き返るかもしれぬという可能性を問うことは、水準を変えて、その死に意味があるという位置から問わなければできないこととなる。すなわち、故人の死という現実と、その故人が甦る可能性を、「遺族たち」という水準から考えることができるということである。それゆえに、これが聖と俗という値に振り替えることも可能となり、宗教性のルーツが、ここにある。生は有限であるが、霊魂は不滅だという、生死の値を逆転させることも可能なのである。

## 4.「孤独死」のリアル

一九七〇年代後半、オーストリア、ウィーン大学の宗教社会学者フレール・ヴェスは、ポックリ信仰に着目して、家族、女性、死という標語で日本社会を捉えようとした。ポックリ死ぬことへの願望、そのためにその寺に参ることの意味を問うた[23]。

日本人の当時（一九七八年）の平均寿命は、男七二・九七歳、女七八・三三歳[24]。六五歳以上の日本人の七〇パーセントは、子との同居と示されている[25]。

一方で家族に面倒をみてもらうのが最良と思いつつも、他方で家族に迷惑をかけることになるという二律背反があり、さらに未整備な年金制度により、老人がひとり自立して死まで生活することが困難でもあった[26]。「尊厳に死ぬとは、自立した人間として死ぬ」ことであり、「死は、それが望

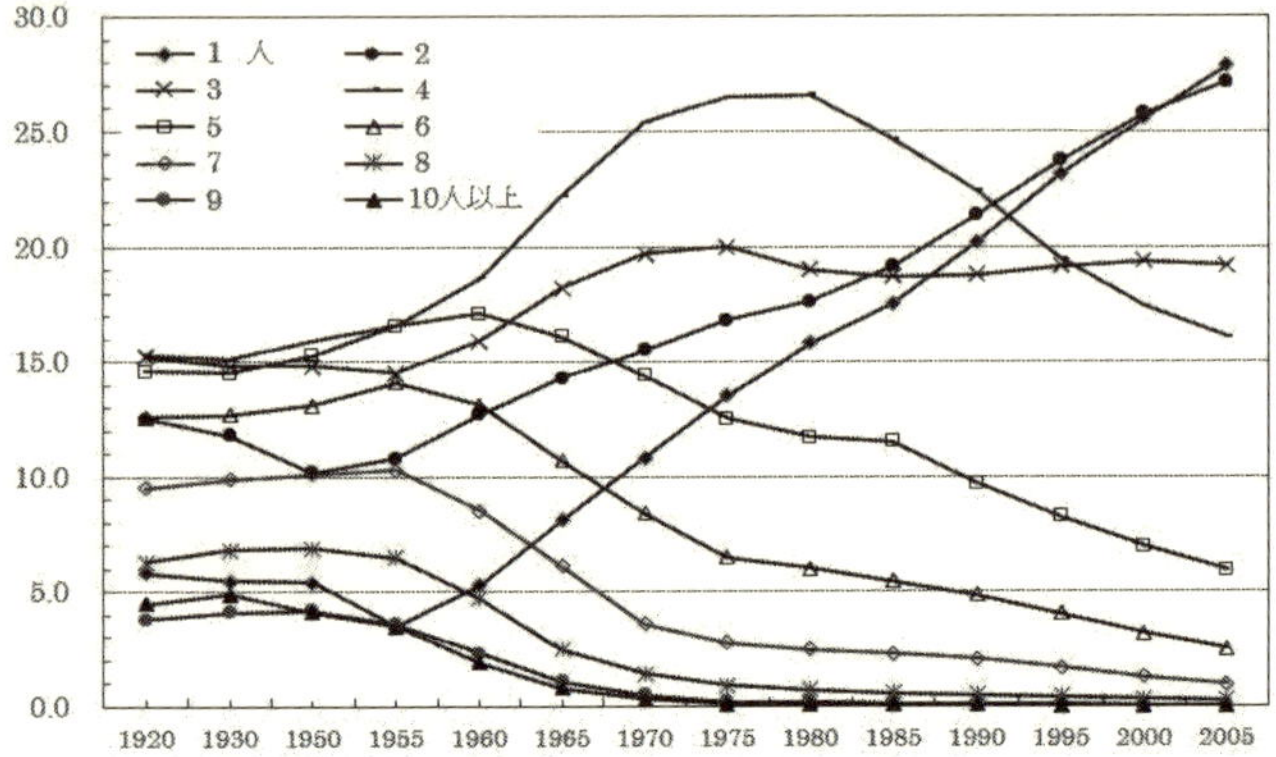


**図 2-1 世帯人員(10区分)別一般世帯数**(全国)

＊国勢調査時系列データから筆者がグラフにした。

まれるのは、苦からの救いだけではなく、同時により善き生への約束」[27]であると解釈した。

「老人問題」に対して、すでに「高齢化社会」という言葉も生まれており、それについて議論がされていた[28]。しかしながら、それから四〇年が瞬く間に過ぎた。その結果、平均寿命は二〇一六年、女八七・一四歳、男八〇・九八歳となった[29]。この間、家族についての意識が変化したことは、例えば世帯人数の急速な変化を知れば、それを想像するに難くない(**図2-1**)。

もちろん注意せねばならないのは、世帯人員がただちに家族の成員数と同一ではないことであり、また世帯の人数が小さくなったとしても、行政上は別世帯であっても同一住居ということもあるので、一九八〇年前後の四人世帯ピークが必ずしも核家族化の頂点に等しいとは言い切れないこと、また一九九〇年代に入り、二人世帯、一人世帯が急激に増加していったことが、ただちに夫妻家族、ひとり家族が増加したということだけを示しているわけではないということである。

しかしながら、四〇年前と現在、日本の家族とそれを取り巻く様態が大きく変わり、この変化とともに意識が密接に連関していることを想像するのも難しくないだろう。二人世帯は、多くが夫妻世帯と考えられ、また一人世帯も多くがひとり家族であると考えられるが、これらには高齢世帯とともに、若い世帯も含まれている。

若年者が、婚姻をしない、あるいは子を持たないということもあるが、高齢者単身世帯数の推移（図2-2）を見ると、高齢者人口の急増（図2-3）とともに、確実にかつ急激に増加しているということは事実である。数字の観察を通して描き出される日本社会は、大いに変わっていったということである[30]。

もちろん、そうした激変後の現在にあっても、ポックリ信仰は可能であるが、それはさらにいっそうポックリとは逝かなくなってしまったということの裏返しでもある。これは、戦場で前線に出て、いつ死んでもおかしくないが、いつ戦死するかはわからないという死との遭遇とは違う。

「死は既に観念ではなく、映像となって近づいていた。（中略）私はやがて腐り、様々の元素に分解するであろう、三分の二は水から成るという我々の肉体は、大抵は流れ出し、この水と一緒に流れていくであろう。（中略）死ねば私の意識はたしかに無となるに違いないが、肉体はこの宇宙という大物質に溶け込んで、存在するのを止めないであろう。私はいつまでも生きるである」[31]

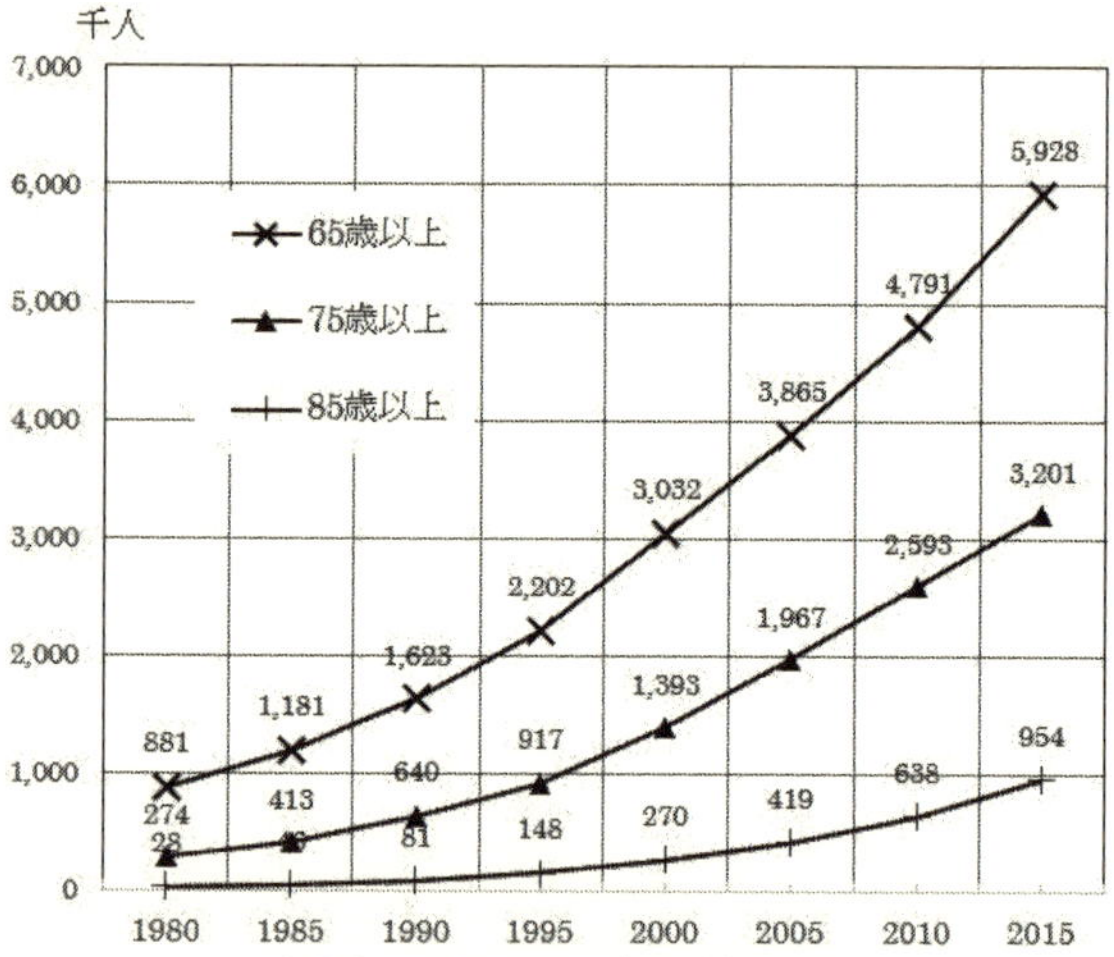


**図 2-2 高齢者単身世帯数推移**

＊国勢調査時系列データから筆者がグラフにした。

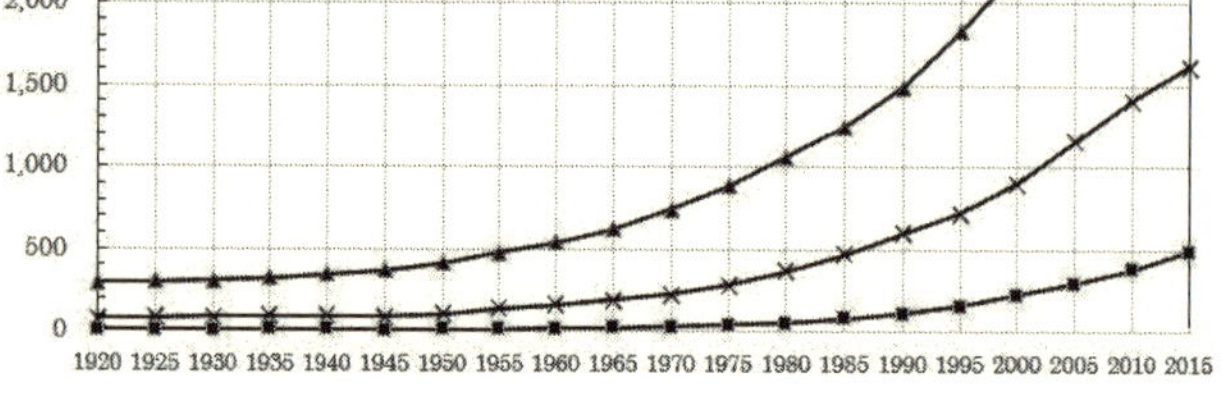

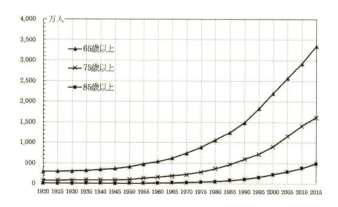


**図 2-3 高齢者人口推移　1920 ～ 2015 年**

＊国勢調査時系列データから筆者がグラフにした。

兵士としてフィリピン戦線に送られた大岡昇平にとっての、こうした極限状況での死の見え方ではなく、超高齢化社会、超長寿社会、いや「大量介護社会」という現代日本の特徴的状況における「終末期」に見える死ということである。前章で、池上直己に従い、①「がん等」、②「心臓・肺・肝臓等の臓器不全」、③「認知症・老衰等」という三つに類別される死に至るパターンを見た[32]。

死に至るまでの時間の長短は、たしかに存在するが、その過程はどれについても物質的でもある。どういうことかと言えば、この過程でなされる場所は、特別養護老人ホーム、老健、有料老人ホーム、どれについても生存期間、居住スペースについても、また食事についても、さらにはレクレーションや間食についても設計された物質的水準での生への対応に執着しているということである。そこでは、没宗教的なことが宗教性を帯びているようにさえ見えるのである。そして、この一種の清潔さ願望から逃れることの難しさもある。

## 三、「労働の意味」——マルクスとウェーバーの予言

### 1.「勤労」の機軸

マックス・ウェーバーは、一九一八年六月、第一次世界大戦終結半年前、ウィーンにおいてオーストリア＝ハンガリー帝国の将校団を前に「社会主義」という講演をしている[33]。四年にわたる戦

争の勝敗が決しようとしていた時、この後その存立意味がなくなる二重帝国、そこの軍隊、そしてそこの将校団を前に、戦後やって来るものを講じている。

間違いなく民主主義という社会主義が台頭し、社会民主党が強い発言力を持つようになっていくこと。しかし、それはマルクスが、一八四八年『共産党宣言』以来、予言し続け、その継承者たちが教宣し続けてきた、賃労働者の絶対窮乏化、少数資本家への資本の集中、大恐慌による破綻、さらにそれに続く共産主義社会が実現することなどなく、「平等主義」を掲げた民主政と形式主義の官僚制とが徹底進行していくことになろうと、マルクスの予言を修正する予言をした[34]。

ウェーバーは、そもそもこのエピソードよりも十数年前、一九〇四年と翌五年『プロテスタンティズムの倫理と資本主義の精神』においても、よりよく知られている予言をしている。プロテスタントによる世俗内での禁欲が生み出した資本主義のエトス（心理性向）が、禁欲的資本主義による産業社会の秩序界を作り出していった。

「この秩序界は現在、圧倒的な力をもって、その機構の中に入りこんでくる一切の諸個人――直接経済的営利にたずさわる人々だけではなく――の生活スタイルを決定しているし、おそらく将来も、化石化した燃料の最後の一片が燃えつきるまで決定しつづけるだろう」[35]。

こうした二〇世紀初めのドイツでの予言は、二一世紀の日本の今を言い当てているということなのだろうか。

月あたりの残業時間一〇〇時間という水準を制度化し、さらに法制化するかしないかということを、いずれも官僚制化が徹底していった政府、政党、労働組合、経営者団体の間で討議し続けていく日本という社会では、これからも「働き過ぎ」「過労死」がそう簡単にはなくならないようにさえ見える。まさしく、最後の一片が燃えつきるまで、われわれのいる秩序界を決定し、人生を決めつけていく可能性があり、ウェーバーの予言は正しかったと言える。

戦後そして現代に至るまで日本の現実政治は、憲法改正を言うも、そこでは憲法九条を改正するか維持するかということが最も重要な対立争点の議題として取り上げられてきたのだが、日常生活の秩序界について考えるなら、こうした議題は、実は二番手三番手の問題の可能性もある。

それよりも、むしろ日本国憲法第二七条に、こう書かれていることを、今や正当かどうか問うてみる必要があるだろう。

「すべて国民は、勤労の権利を有し、義務を負う。

賃金、就業時間、休息その他の勤労条件に関する基準は、法律でこれを定める。児童は、これを酷使してはならない。」

「義務を負う」とは、どういう状態を指すのかは考えてみなければなるまい。「あの所業が、職務忠実で、本当に勤労の義務を果たしていると言えるのだろうか」と思える「政治家」を思い浮かべることも難しくない昨今である。

これから、公的年金受給年齢を、高齢者、後期高齢者を再定義しながら、引き上げていくことになるとしても、生産人口と非生産人口の関係は、二〇世紀前半のそれとはまったく違っているし、二〇世紀後半のそれとも大いに異なってしまっている。誰に何歳から何歳まで「義務」を課するのだろうか。それは、いったい誰が決めるというのだろうか。そして年金というのは、就業期に未払いの賃金の後払いということなのだろうか。

## 2. 仕事と人生――疎外された労働

一方に天寿を全うし十全充足した稠密な生涯を終える人生があるとしたら、他方に人生のひとまとまりに、ある種の欠損を感じ後悔と呪詛とともに終わる生もあるということになるのかもしれない。しかし、人生とは、それほどまでに出来事が稠密に充塡されているものであるのかどうか考えてみる必要もある。日常は必ず終わりがあるが、死という結びの点まで終わりなく続いていくものである。これは人生の終末期には、それそのものとなるはずである。

「一生の仕事」と称して、およそ九〇年ある生涯の最初の二〇年前後で、「就活」が首尾よく終わるように、そしてそのために「世間」と「親」の世代がより良いと決めた学校を選択すれば、ひとまず安泰だと思おうとする日本人は少なくない。
しかしその結果も、朝八時前から出社し、深夜に退社。休日も潰して仕事をしていくことだとしたら、そしてそれこそが稠密に仕事が詰まった人生を作っていくということになるとしたら、それはたぶん誤りだろう。

「労働が分配されはじめるやいなや、各人は一定の専属の活動範囲をもち、これはかれにおしつけられて、かれはこれからぬけだすことができない。彼は猟師、漁夫か牧人か批判的批評家かであり、そしてもしかれが生活の手段をうしなうまいとすれば、どこまでもそれでいなければならない——これにたいして共産主義社会では、各人が一定の専属の活動範囲をもたずにどんな任意の部門においても修業をつむことができ、社会が全般の生産を規制する。そしてまさにそれゆえにこそ私はまったく気のむくままに今日はこれをし、明日はあれをし、朝には狩りをして、午後には魚をとり、夕べには家畜を飼い、食後には批判をすることができるようになり、しかも猟師や漁夫や牧人または批評家になることはない」[36]。

朝には菜園でトマトを摘み、午前中は詩を吟じ、昼には小麦を挽いてパスタを練り、午後にはネットで株売買を済ませ、夕べには川魚を料理し、夕べは仮想通貨のマイニングをする、サブユニバースに満ちた多元的な日常生活だとしても、それが果たしてどれくらい幸せであろうかと問うてみる必要がある。

そして、そもそも分業以前の生活人のほうが、人間の本来的な生ということだろうかも考えてみなければなるまい。いや、実はそうした悠々自適の老後の年金生活を送るために、現役時代には過労死寸前まで働き、それにより少なくない給料を得て家を建て、子を育て、老後のために貯蓄をして、さらに退職金をもらい、公的、私的両方の年金を支給してもらえるようになるために、いつか終わりのくる日常を過ごしつづけるのであろうか。いや、たぶん違うだろう。

自らが投下した労働に見合った対価を要求することが感覚的には正当なように思えるが、実際には複雑に分業特化した一部分に、まさに専門的に関わり続けることができることが、無難な終わりなき日常と、それの確実にやってくる終わりに向けて生きるための定石だということでもあった。

大学生の就活に際して、マイナビやリクナビ、あるいは『日本経済新聞』、『週刊東洋経済』、『週刊ダイヤモンド』などの情報ソースをつうじて、実際には就活参加者のほぼ全員が受信している情報をもとに、それよりも一歩前に出ることが必要とされる生き方をしていくことが無難な生き方だということでもある。

## 3. 労働価値説

「同一労働同一賃金」を制度化しようとするのは、ウェーバーの予言にあったように、社会民主政のもとにあることの帰結でもある。政治は、これが実施されるように経済に介入してこれを調整しようとすることが民主政の鉄則ということにされるのだが、その十全な実現はきわめて難しい。朝には狩りをして、午後には魚をとり、夕べには家畜を飼い、食後には批判をすることができる場合には、マルクスが予言した共産主義、ウェーバーがすでに言い換えているが[37]、今ふうに言い換えるなら、自由なアソシエーションの中で生きるのであればありうるかもしれないが、朝には菜園でトマトを摘み、午前中は詩を吟じ、昼には小麦を挽いてパスタを練り、午後にはネットで株売買を済ませ、夕べには川魚を料理し、夕べは仮想通貨のマイニングをする日常生活となると、まったく違ってくる。

菜園のトマトのためには、菜園を確保し、あるいは借り、詩は勝手にも吟じることができようが、小麦は、耕地を得なければならない。その種はどうするか。挽き臼は自分で作るのか。株売買となると、証券口座を開き売買するには資金が必要となり、仮想通貨のマイニングには、高性能のコンピュータが必要となる。

こうした生活は、マルチライフという多元性を実現しているとは言えるだろうが、商品連関の秩序界からは、どう考えても自由に離脱することができるようにはなっていない。

鮮魚を三枚におろし、刺身パックを作るというスキルを持って従事する非正規雇用者の単位労働の時間対価は、同一企業内の異なる店舗間において、あるいは異なる企業間において同一にする可能性はある。しかしながら、正規雇用者が同じ作業をするとしても、それ以前に正規雇用と非正規雇用という前提の区別があるとしたら、給与は同一にならない。可能にするには、すべての雇用者を「非正規」にするか、あるいはその逆にするしか方法はない。

正規と非正規との区別は、資本主義的秩序界の編成原理に従っている。それゆえにマルクスは、その区別そのものを超え出た共産主義への道を予言したのであった。

マルクスとマルクス主義がいう具体的有用労働、すなわち投下労働をその商品の価値と見なそうということと、同じく一般的抽象労働、資本主義の秩序界に組み込まれた商品連関に存している個別商品への個別の想いは、まったく別である。現在は、ロボット化されているが、一九二〇年代の自動車の大量生産工場において、自動車そのものという商品が、あるひとりの労働者に帰属することはないし、バンパーを毎日溶接していた労働者が、溶接されたバンパーを見て満足したとしても、その投下労働は商品価値そのものを表現するのとはまったく異なっていたはずである。

資本により連関された商品からなる秩序界の編成は、商品と商品との関係を取り結ぶ価値関係であり、それは貨幣により媒介される。この関係での価値は、ある個別商品、例えばバンパー、小麦粉、刺身パック、どれでもよいが、それらへの投下労働のみによって生成するものではない。

バンパーは、鉄を加工してそれを作る前作業があり、またアセチレンや酸素を作りそれをボンベに充填する作業があるだろうし、小麦も、刺身パックも同様であり、商品の連関から逃れることはできない。

「共産社会」が実現せぬ限り、そしてそんなものはないが、われわれは、この商品連関から成った鉄の檻から自由になることは難しいし、ほとんど有り得ない。したがって、生きていくための要点は、そういう中で、人よりも一歩、よりよい地歩に居たいということになったのであろう。商品交換を可能にする価値は、媒体「貨幣」によって関係づけられ決定される。

## 4. 人生の資本主義的設計──人の現出

「魚を三枚におろす」は、まさにそれをする主体の（道具を用いた）身体運動に結びついた意味ということになる。後述するとおりウェーバーは、こうした身体運動（＝行動）に主観的な意味が結びついたものを「行為」と定義したが、道具を用いて身体運動するという労働に意味があるということなのだろう。

人生が、「魚を三枚におろす」も含めて、膨大だと思われる数の行為、あるいはその前提である労働が充填されたひとつながりだとするなら、それには意味があるということなのだろうか。さらには意味の集大成がそこにはあるということなのだろうか。先に見たジャンケレヴィッチは、こう書いていた。

「人生はたしかに一つの意味をもっているが、その意味は一つの無意味によって妨げられている。しかも、その無意味が意味の条件となっているのだ。時がたつにつれて、意味の中に含まれている老化という逆の意味が、生成の表面にますます強くおし出してくる。そして、老化した組織が損失を償うのがしだいしだいに難しくなり、損傷を補うのがますます遅くなるように、同様に、楽観主義の希望は、失敗と失望という絶えず更新される反駁に対して一歩一歩闘いながら、日に日に確信を失い、年を重ねるにしたがってすこしずつ支えるのが難しくなる。そうだ。なぜ人が生きるのか、なんのために、そして、それらすべてがどういう意味なのか、日に日にすこしずつ言いにくくなるのだ」[38]。

こうした時間軸、とりわけ老化という身体能力の時間性を考慮した見方は、社会学の古典には皆無である。よく知られていて、これが社会学の定義だとされる、ウェーバー『社会学の根本概念』の冒頭文章を想い出してみたらよい。

「社会学（きわめて多義的に用いられる語のここで理解される意味で）とは、社会的行為を解明しながら理解し、それをつうじてその過程とその諸結果について因果的に説明しようという学問ということになる。この場合〈行為〉とは、人間の行動のことであるが、（外的な行為であれ内的なそれであれ、行為しないあるいは行為を我慢する行為であれ）、行為する者あるいは者どもが、それにある主観的な意味を結びつけている場合でかつその限りでのことである。さらに〈社会的〉行為とは、行為者あるいは行為者どもが思った意味に従い他者の行動に関係づけられ、その過程でこれに方向づけられている行為のことである」[39]。

「行為者あるいは行為者ども」という生硬な訳語は、「der oder die Handelnden」という、現在分詞が名詞になったドイツ語特有の言葉。英訳では、パーソンズは、the acting individual（or individuals）[40]としているが、邦訳では、「行為者」とされている。どれが正しいかなどは、とりあえずはどうでもよい事柄である。正解があるとしたら、それはドイツ語のままで味わえということになるだろう。「行為者」と訳した場合、「行為者が行為をする」。「行為する行為者」ということになり、これは同語反復だと言ってみることはできるし、それなら「行為しない行為者」はいるのかなどと問うこともできるが、ウェーバーは、行為しないことも行為とはっきり言っていることに注意せねばなるまい。

「行為者」という訳語も曲者である。英訳をしているパーソンズは、彼自身の二〇世紀社会学の金字塔とも言える『社会的行為の構造』では、さらに「actor」、「agent」という言葉で表現しているが[41]、こうして社会学という学の分析基本単位としての行為とその担い手、エージェント、行為者云々という、訳語の正当性についてはそれとして、このこととは別に、抽象化された「人」だということに気がつく必要がある。これは、生身の人体を備えた「人」かどうかはわからないということである。しばしば「法人」でもあり、会社組織や、あるいは国家が、社会的行為を遂行するのである。現代では、人工知能、ロボット、近未来には、サイボーグ、アンドロイドも社会的行為の主体となりうるということである。

そして決定的な点は、ウェーバーの場合にも、シュッツやハーバマスのような代表的な理論社会学者たち、どの論者の場合にも共通してあてはまる。すなわち二〇世紀的特徴は、老化ということについて中心的課題にすることはなかったということである。唯一例外を言えば、パーソンズの最晩年の著作ということになる[42]。それぞれに、二〇世紀の厳しい歴史状況に遭遇しながらも、行動する身体基盤が老化、老衰することと、それと主観的意味との関係については、それほど注意を向けることがなかったとさえ言える。これは、コント、スペンサー以来、近代化、産業化、工業化、個人化などポジティブな脈絡を作らせることに傾斜した、社会学の無邪気な楽観主義ということなのだろう。

日本国憲法第二七条も、明治以来輸入されてきた社会科学に倣って、近代化、産業化、工業化、個人化など、輸入して持ち込まれたポジティブな脈絡で描かれた人間像、国民像である可能性がある。さらにこれと関連して思い起こすなら、ウェーバーの「客観性論文」として知られてきた今ひとつの金科玉条「意味をもった人間の行為の究極的要素について考えてみると、それらはいずれもまず〈目的〉と〈行為〉の範疇に結びついている」[43]という命題である。パーソンズは、これを大著『社会的行為の構造』の扉にも掲げているのだが、本当にそうなのだろうか。目的と手段とは、行為者にそうまでも、いつも選択され続け、そこにその行為者の主観的な意味というものが付与され続けるものなのだろうか。

「人生はたしかに一つの意味をもっているが、その意味は一つの無意味によって妨げられている。しかも、その無意味が意味の条件となっているのだ」としたジャンケレヴィッチの重い命題を振返れば、意味と無意味の区別は、それは実はまた意味のはずである。そして、意味を与えるときの意味は、しばしば、この意味と無意味の区別の意味にすぎない。人生、その終末期に至って、意味と無意味の関係から生まれる意味を、行為者は付与し続けていけるのだろうか。身体運動そのものが衰退していってもそうなのであろうか。

## 四、「完全雇用」という短期期待——ケインズの着想

### 1．有効需要が不足するとは——非自発的失業への処方

日本の戦後の社会科学は、戦前強く弾圧されたということもあってのことだが、一九七〇年代後半まで、マルクス主義のそれが優勢であった。マルクス主義経済学に対して、新古典派経済学もケ

インズ経済学も合わせて「近代経済学」などと呼ばれ、社会学者もそれの顰《ひそ》みに倣《なら》いマルクス主義社会学（社会理論）に対して、近代社会学（理論社会学）などとして別個に構想されたようだが[44]、ケインズとマルクスとの関係は、必ずしも対立的なものではなく、経済社会を全体として集産的に捉えていこうという点では、実はよく似ていたと言うこともできる。

ケインズの『雇用・利子・貨幣の一般理論』[45]を開くと、経済は、需要と供給の関係で、価格が決まり生産量が決まっていくとされている。企業家がN人を雇用して総供給価格Zの諸商品を生み出した場合、それらの関係は、Z＝Φ(N)と表現され、これを総供給関数と呼ぶとされる。企業家がN人を雇用して得られると期待できる総売上金額Dは、D＝f (N)と表現でき、これを総需要関数と呼ぶとされる。

Dの値が、Zの値よりも大きければ、企業家は、Nの値を大きくしていくだろう。すなわちヨリ多く雇用をして、ヨリ多く供給してヨリ多く利益を得ようとするだろう。Dの値が、Zの値よりも小さくなると、これとは逆のことをすることになろう。総需要関数と総供給関数とが一致するときのDの値を有効需要と呼んでいる。

一国の生産人口がN人であり、Z＝Dが恒等式で、このN人が雇用され続けていれば、失業者もなく、安定した健全な経済社会になっていると言うことができるのかもしれない。しかしながら、そうならず、雇用を引き起こす有効な需要はつねに不足することになるというのが、ケインズの指摘であった。

すなわち、Dは、二つの要素から成っているという。ひとつは、その一国の社会の消費性向と言われるもので、その社会の成員が、それぞれ消費していく傾向を示している（$D_1$）。通常の消費生活があるとしたら、そうなろう。今ひとつは、社会が新しい投資に向ける期待の傾向を表現している。現在の定常状態の維持にとどまらず、将来への期待が新たな価値を生むと考えたら、そういう傾向があるはずである（$D_2$）。したがって、総需要は、$D = D_1 + D_2$ということになる。

これら未来に向いた期待性向というのは、予測であり確信であり、同時に不安、懸念と結びついた主観的な要因から自由になることはない。まさにこの主観的要因が、有効需要を不足させるように作用していくことがあるというのである。このことをよく表しているのは、所得の増加分$\Delta Y_w$と消費の増加分$\Delta C_w$との関係として表現される。すなわち、人というものは、所得が増加しても、その増加した分と同じだけ消費に回すことはしないということである。そしてケインズは、それがわれわれの正常な心理法則だとさえいうのである[46]。

すなわち、$\Delta Y_w > \Delta C_w$ということになり、$\Delta C_w / \Delta Y_w < 1$ということになる。ここでの$\Delta C_w / \Delta Y_w$を限界消費性向と呼んでいる。したがって、$\Delta Y_w = \Delta C_w + \Delta I_w$として、投資の増加量$\Delta I$、というものを考えて、$\Delta Y_w = K \Delta I_w$と書き換えると、限界消費性向$\Delta C_w / \Delta Y_w = 1 - 1/K$という関係になる。これをよく見ると、係数Kとして示した投資乗数を大きくしていけば、

限界消費性向は1に限りなく近づいていくということになる。これにより、所得は、投資の増加分のK倍増加していく関係になっていると考えるのである。

ケインズの一般理論の教科書風記述の前提は、この人の言い方では正常な心理法則であり、お金は入ったら入っただけ使うというのではなく、いざという時に備えて貯えをしていくという心根であり、かつての、例えば昭和ひと桁生まれの日本人にはよく理解できたかもしれない性向である。このためには、一国というナショナルな枠組みが前提であり、そのために社会経済政策を行う政府の役割というものがなければならないと理解されたのである。

こうした論理は、心根ということなら心理法則であるかもしれないが、将来起こるかもしれない出来事への不安でありリスクに対して、政治家の場合、その使命は、まさしくそうした不安がもたらす負担を軽減させる職務を果たすということになり、中央政府の官僚の場合、その使命は、そうした負担軽減をすることでさらに発生するだろうリスク計算を精密にしていくということのはずである。今の不安とリスクを、政府という公的セクターが、国民個々人に代わって軽減、免除し、結果として将来世界をスムースに、あるいはさらに利得も生じさせ進行していくことが含意されていたはずである。

実際、そうしないとしたら、有効需要は不足して、結果としてZ＝Φ(N)と、D＝f(N)との関係から、雇用するNの値は小さくなってしまい、非自発的失業と呼ばれる失業者を生んでいくことになる。これは、経済システムへの、政治が介入することの正当性根拠ともされるものだろうが、これが結果として裁量主義を生み出すことにもなっていったとも言える。というのも、非自発的失業をなくすために取る政策が短期的に効果をもたらすことが、政治家の次の選挙にとって重要な関心事となるからである。経済社会について長期的な展望のもと設計をしていくというよりは、できる限り早くに目に見える形での完全雇用の実現が、あるいはそこに近づいていることの数字こそが重要になってくるからである。

しかしながら、例えば仕事を探している人ひとりあたりに対して何件の求人があるかという有効求人倍率が一・〇を大きく超えていることが、そういう状態を示しているとも言えるが、ケインズが主題にした一九三〇年代ヨーロッパと、例えば一九五三年から七三年に至る高度経済成長期日本、あるいは一九九七年金融恐慌期、さらに二〇〇八年リーマンショック後の日本などを考えたとき、業種、職種が大きく変化し、人生をめぐる意識が大きく変化もしていったことを考えると、有効求人倍率をはじめ数値のみで非自発的失業の減少を言うとしても、将来への不安が解消されたとは言い切れまい。

有効求人倍率の上昇、そして完全雇用状態実現は瞬間的には評価されるが、人生は長く、企業活動にとってもその将来は今や徹底的に不確実であり続け、所得増加分が、そのまま消費されるということにはならず、限界消費性向が、いかにしても一・〇より相当に小さいままとなっていることも、実はわれわれの正常な心理法則だと言うことができてしまうのである。

## 2. 流動性選好のナショナルな前提

経済（システム）を生物有機体に模して考えると、貨幣は、その中を循環する血液のように考えてみることができる。その流量、流速を測定可能性を考案してみることは論理的には可能である。すなわち、その流速(V)、価格(P)、貨幣量(M)、売買(交換)回数(T)とすると、MT＝PVと表現されるはずであり、流速(V)＝貨幣量(M)と交換回数(T)の積を、価格(P)で割ると得られることになる。前者（貨幣量と交換回数の積）は、要するにその経済活動の総体であり、しばしば国民総所得があてられる。

この貨幣流量が等速で結ばれていて、総需要と総供給がつねに一致しているとしたら、先述の有効需要が不足するという問題もないことになる。しかしながら、われわれの正常な心理法則に従うなら、所得増加分が、そのまま消費増加分となるということはないということであった。ここにすでに、流速が一定ではないことが表されている。ケインズが主題化した、一九三〇年代のみならず、経済社会が拡大成長していくだけの様相を期待し続けることが難しいのは、人間社会の将来の見透しについてあてはめて正当なことであり、近い将来であれば、ある程度は見透せても、遠い将来についてては見透しがはっきりせず、リスクがあると心配すれば、人はやはり慎重になるだろう。入った収入をそのまますべてそのまま消費してしまうことは、たいていの場合ありえない。

ケインズは、貨幣という媒体の性質を、「〜ために」〔目的動機（in-order-to-motive)〕、「〜だから」〔理由動機（because-motive)〕という人間行為の動機にある時間性に着目して整理してもいる。すなわち、①取引動機、②予備的動機、③投機的動機というものである。[47]

①取引動機とは、最も簡単には、所得として受け取り、これを支出するまでの時間間隔を媒介することである（①a所得動機）。端的には財布に入れて、財布から出して商品やサービスを得るために使用するということであり、あるいは商店が日々の売上を金庫に入れ、原材料購入、給料支払に際し、そこから出して使用するということである。その関係を貨幣が架橋しているということである。貨幣の流速というのを考えることができるのは、厳密にはこの関係だけだとケインズは念を押している。[48]

商業活動であるから、もちろん収入と支出の関係がある。しかしながら、ここでの関係は、仕入れと売り上げという関係で言えば、食べ物を手に取って、そのまま口に入れていくという単純な関係経路があるということと同じでしかない。売値、買値、掛け値の関係が生じ、これらは状況に依存する。売るか、買うかの見越しと決断が関わってくる（①b営業動機）。その結果として、貨幣そのものから手形、小切手など有価証券へと貨幣がその派生物に変化していく可能性がある。そのように変形していくと、貨幣の流速を測定することは難しくなっていく。

②予備的動機は、不意の支出への備え、好機の到来への準備などのための場合、あるいは生じた債務を後日弁済する場合が、これにあたる。これも時間を未来へ、あるいは過去に架橋していくが、いわゆる支出や消費ということそのものではない。

③投機的動機は、媒体としての貨幣であるにもかかわらず、その貨幣によって、さらに貨幣を生むために使われる。これも、時間を架橋するものであるが、貨幣の貨幣への関係ということになっており、その関係を証示する有価証券が派生し、そこには利子率が表現されることになる。貨幣と貨幣との関係であるにもかかわらず、その時間差に、貨幣利得の差が表現されることになる。それゆえに、投機という行為がありうるのである。

この関係は、貨幣流量の測定をわからなくし難しくする。信用とその増殖という時間軸上での展開が始まり、取引動機だけで取り結ばれている貨幣的関係とは別の世界が広がっていく。例えば、金融機関に預貯金された貨幣が、そのままどこかに貸し付けされる場合を考えてみるとよい。それは、貨幣が商品やサービスと交換され循環していくだけで、経済システムが編成されていくのではないことがわかる[49]。

物々交換というのは、私が欲しい物を相手が持っていると同時に、相手が欲しいものを私が持っているという、二重の条件依存関係が成立しないと可能にならない。これに対して、貨幣交換は、貨幣が備えた普遍交換性能があるゆえに成り立つものであり、カネ《マネー》さえあれば、何とかなるというのは、そういうことである。そして、それは日本銀行券やその補助貨幣である硬貨でなければならないということでもない。

例えばSuicaのような電子マネーを使って駅で切符を買うとき、あるいはコンビニエンスストアで商品を買うとき、そこで決済に使われる電子マネーは日本銀行券あるいはその補助貨幣を用いているということになるのだろうか。あるいは、デビットカードを海外で使用したときはどうか。クレジットカードではどうか。あるいは、インターネットバンキングにより、私の口座から、ある商品代金を、ある商店の口座に振り込んだ場合、この取引動機により媒介される貨幣は、果たして日本銀行券とその補助貨幣を使用しているということなのだろうか。

貨幣交換に、物々交換とは違う、普遍的な交換性能があるというのは、まさしく誰でもがいつでも使える可能性があるということにその本質がある。そういう性能が備わったものが貨幣であり、種々候補があるとしたら、その中で一番、その性能があるもの、言い換えると流動性があるものが、そこにおいて「貨幣」として選ばれることになる。すなわち、流動性選好のヨリ高いものが「貨幣」として媒介機能を果たすということである。

かつての兌換紙幣は、金《ゴールド》と兌換できることを前提に、金《ゴールド》の価値を証示する印であった。金《ゴールド》を持ち歩くことの問題。例えば、奪われるリスクがある、多く持てばその重量は大変なものになり、その運搬のための費用もかかる。それを表徴するとして兌換紙幣が出現するが、金と紙幣との関係は、一九七一年で終わる。そして、人々が、これぞ貨幣だと信じているもの、言い換えれば、その状況において、より流動性が高いと捉えられるものが、普遍的な交換性能を持っているということで、貨幣として、財とサービスを獲得するための媒介をしてくれるということが確認される。

公共料金の支払いをするのに、銀行に行って窓口やＡＴＭに並んでようやく支払いをするというより、インターネットバンキングで、ネットを介して送金をする方が便利だとすると、流動性は、現金での決済よりも電子化された貨幣情報での決済の方がヨリ高いということでもある。駅でその都度切符を買うよりも、Suica で電子改札を通過することが便利だと選ぶのは、この電子マネーの方が、この場合、現金よりも流動性が高いということでもある。これらの場合、日本銀行券だというこど、造幣局製造硬貨だということを信頼しているのではなく、Suica というＪＲ東日本や、それぞれの電子マネーを発行する当該銀行を信用しているから、その電子マネーを使うということになろう。もちろん、それが日本銀行券、造幣局製造硬貨に直接対応しているということになっているからであるが。

ケインズの時代には、もちろん電子マネーやネットバンキングはなかった。しかしながら、彼は、一国通貨のみが貨幣でありえるのではなく、他国貨幣、宝石、貴金属など相次いで取って代わる場合、状況があることをはっきりと指摘してはいる[50]。

ただし、ケインズは、国民経済学の伝統に何よりも忠実であった。一国が、どう通貨を制御しえるかということに関心があったとも考えることができる。そのための国の通貨の安定が重要だと考えたのもたしかであろう。そしてそうであるための前提は、さまざまありうる将来の事態に対して、人々が、つねに流動性を担保し続けたいということであり、そしてそのためには、何よりも「貨幣」が安定していなければならないと考えたからである。

それだから、国や中央銀行に、ヨリ信頼の基盤を求めたところがある。そして、この考え方は、日本で電子マネーを使う場合、その前提となっているはずである。すなわち、カードの中に貯えられた電子マネー、あるいはネットバンキングにおいてディスプレイに表示される数字が、日本国が保証する通貨と対応していることが保証されていると信じ続けることができるからである。この信頼が、遠い将来にわたっても揺らがなければよいのかもしれないが。

### 3. 貯蓄と投資の世代意味論

二人以上世帯の日本人の金融資産の保有状況推移を見ると、「貯蓄しなかった」という割合は、確実に上昇している[51]。これから、貯蓄性向が全体として下降していくとも考えることができる。

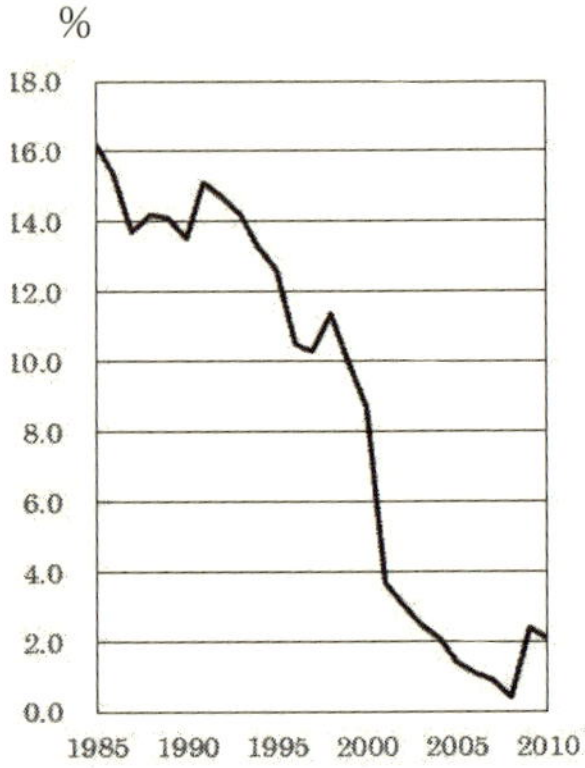


**図 2-4a 家計の貯蓄率推移**

＊内閣府『長期経済統計ー個人消費・家計貯蓄率』から筆者が作成。

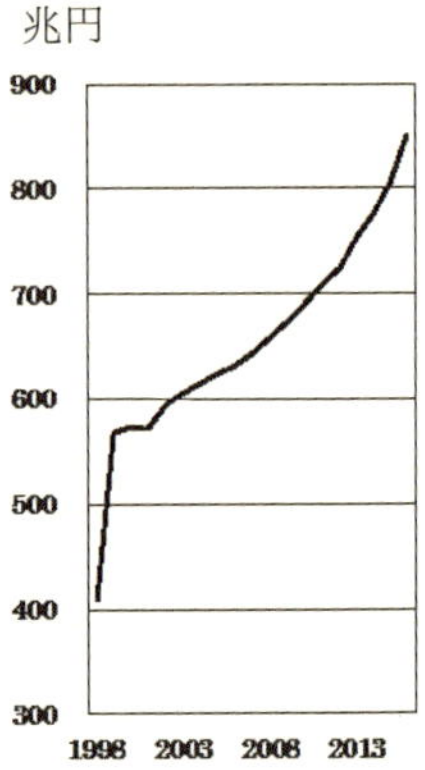


**図 2-4b 預金合計推移**

＊日本銀行『銀行勘定（国内銀行）ー預金合計』から筆者が作成。

しかしながら、これとは反対に、日本の銀行の預金合計の推移は、一九九〇年代から一貫して増え続けてきた（図2―4a、図2―4b）。二〇一七年を見ると、これにゆうちょ銀行の貯金総額も加えると、きわめて大きな額となり、預金総額は、一千兆円を超えるとも言われている。

二〇一二年成立した安倍晋三自由民主党（公明党連立）内閣のもと、アベノミクスの「三本の矢」と称して、①大胆な金融緩和、②機動的な財政政策、③持続的な成長戦略を掲げ、中央銀行である日本銀行は、国債のマイナス金利も含んだ金融緩和を進め、各銀行は、国債を手放すようにして日本銀行が買い取り、積極的な貸出の余裕が作り上げられた。大胆な金融緩和により、二パーセントの物価上昇が期待されたが、実際にはそうならぬまま時間が過ぎっていった。それよりもむしろ、銀行の預金総額が上昇して行っているということを考えねばならない。

冒頭、貯蓄性向が全体として下落しているとも言えると述べたが、「日本人」を考えるとき、その年代別に人口の推移を考慮せねばならないし、貯蓄ということの意味の相違についても考慮せねばならない。未成年の子どもがいる世帯は、子どもの将来のためにという貯蓄動機は高くなるだろうし、退職後の高齢世帯の場合には、貯蓄額は相対的に多いだろうが、さらに貯蓄をしていく率は低くなると推測される。

給与収入に対しての貯蓄割合ということを考えれば、六五歳以上の人口が増えれば増えるほど、すなわち定年退職して年金生活者が増えれば増えるほど給与収入に対する貯蓄傾向そのものが下がるに違いない。勤労所得に対する割合であるとしたら、これが減少するのは当然であるとも言える。

年金生活者は、給付される年金とそれまでの貯えとで生活をしていくことになる。そして、それに加えて、今や平均余命がきわめて長くなっていっていることを知れば、できるかぎり長く食いつないで生きていくことができるようにすることになる。そして、起こりうる病気入院、療養介護という場合にも十分に備えなければならなくなる。退職金をもらって、それでもってマイホームを建て替えたり、あるいは新しい外車に買い換えたり、半年ごとに海外旅行をしたり、すべて株に投資することができる人は、いろいろな点で、たいへんおめでたい人たちだということになるだろう。

そしてそれ以上に、未だに六〇歳定年、六五歳年金受給開始というタイムラグがあるためであろう、世帯主の黒字率に着目して見ると（表2－2）、六〇歳代は他の年代に比べてその割合が著しく低いことがわかる。当然のことながら、タイムラグのある期間、生活するために、老後の貯えとした預貯金を切り崩していく人たちが少なくないということを示していると考えられる。

こうした厳しい状態は、この年代に至る前、言うところの「向老期」においてもすでに始まっていると考えられる。

そこでの貯蓄とは、こういうことになろう。老後の備えというのは、今の一食分の食事を抜くという類いのものと似ている。しかし、それを後で三食分プラスの一食分とするために貯えたことになるのかということである。言い換えるなら、単純に現在の減少でしかなく、将来はその時になってみないとわからないということである。いずれ死ぬことは確実であるが、それがいったいいつ来るのかは不確実なままだという長寿のリスクがある。

貯蓄は「現在の消費需要の代わりに将来の消費需要を選ぶということではない。――それは現在の消費需要の純粋な減少である」[52]。さらに言い換えれば、これは、絶対に将来への投資などではないということでもある。そうではなく流動性の確保という選好にほかならず、これからやって来るかもしれない「不特定の時に不特定の財を消費する可能性を意味する」[53]ということなのである。

これより若い年代について、すなわち壮年期から向老期にかけて、仮に子がいる場合を考えてみよう。そのための教育費は、消費なのか投資なのかという問いを立ててみるのがよいだろう。日本人は、一般に「教育は投資」と、そう正当化する傾向が強いようにも思われるが、果たしてそう言い切れるのだろうかということである。しかしながら、筆者の考えるところ、一九九二年以降、大学設置基準の大綱化以降、膨大な数の私立大学あるいは既存大学学部、大学院が増設され

**表2-2　勤労者世帯の世帯主年齢別貯蓄残高、貯蓄年収比（2015年）**

| | 貯蓄残高（万円） | 年間収入（万円） | 貯蓄年収比（%） | 黒字率（%） | 金融資産純増率（%） |
|---|---|---|---|---|---|
| 29 歳以下 | 265 | 487 | 54.4 | 27.0 | 25.1 |
| 30 ～ 39 歳 | 670 | 618 | 108.4 | 34.3 | 25.9 |
| 40 ～ 49 歳 | 1,026 | 744 | 137.9 | 30.3 | 22.1 |
| 50 ～ 59 歳 | 1,639 | 824 | 198.9 | 25.9 | 20.3 |
| 60 ～ 69 歳 | 2,133 | 632 | 337.5 | 5.5 | 3.8 |
| 70 歳以上 | 2,100 | 567 | 370.4 | 24.7 | 27.3 |
| 平均 | 1,309 | 709 | 184.6 | 26.2 | 19.9 |

資料：総務省統計局「家計調査年報（家計収支編）」、「家計調査年報（貯蓄・負債編）」
（注）1.　貯蓄残高・年間収入は「家計調査年報（貯蓄・負債編）」、黒字率・金融資産純増率は「家計調査（家計収支編）」による。なお、計数はいずれも平均値。
2.　貯蓄年収比＝貯蓄残高／年間収入×100。
3.　黒字率＝黒字÷可処分所得×100。黒字＝実収入－実支出=可処分所得－消費支出。
4.　金融資産純増率＝金融資産純増÷可処分所得×100。金融資産純増＝貯蓄純増＋（有価証券購入-有価証券売却）。

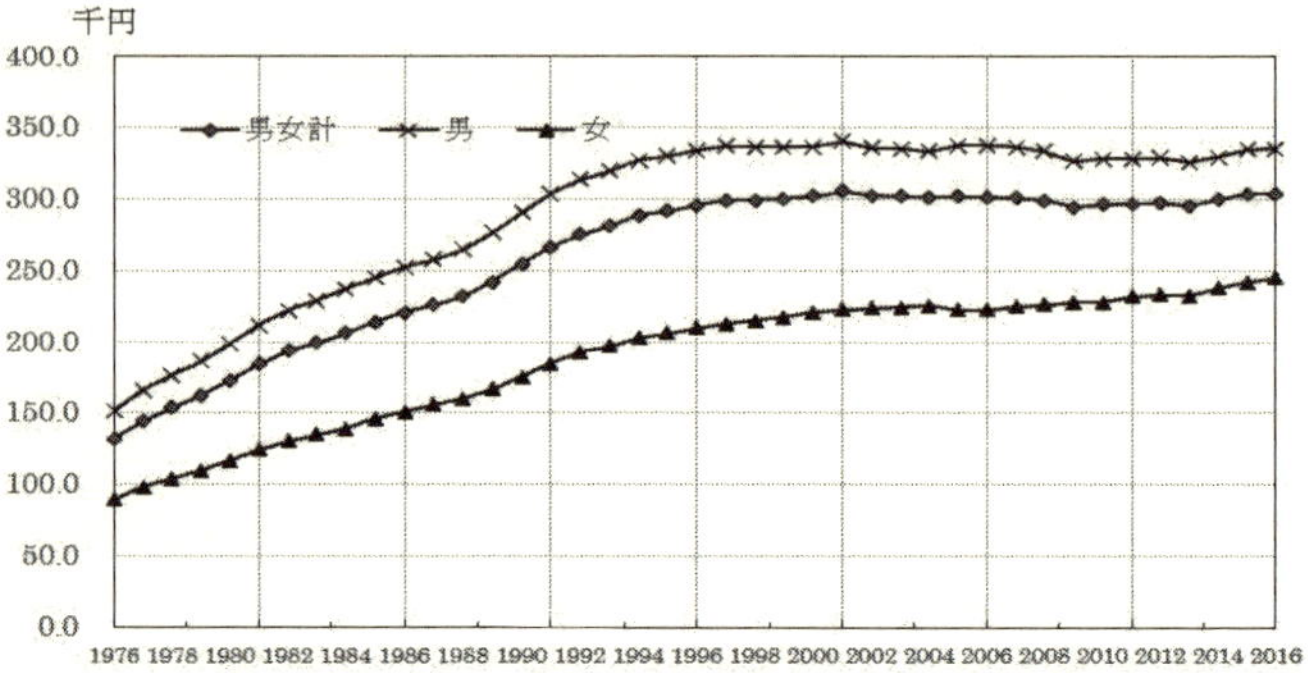


**図 2-5 所定内給与額の推移**
※厚生労働省『賃金構造基本統計調査』長期時系列データから筆者が作成。

ていき、大学の質は変化し、教育内容が将来への投資であるのか、今そこでの消費であるのかについて問うなら、後者が圧倒的に優勢な時代となったと考えられる。

勤労者の所定内給与額推移（図2－5）を見ると[54]、一九七六年から二〇一六年までの間に、二・三一倍（男女合計）伸びていることがわかる。言うなれば、それだけ給与が伸びているということになり、それだけを見れば富の増大に与っているということにもなる[55]。

しかしながら、この親の世代の給与の伸びに対して、例えば私が教えている早稲田大学文科系の授業料の伸びとを比較して見るなら、この間、授業料は、実に四・八倍にもなっていることがわかる[56]。所得の伸びと学費の伸びという、これらにある差を、いったいどう評価したらよいだろうか。

それ以外の家計支出の伸びに比べて、教育費は驚愕的に突出していると考えられる。アメリカのトップクラスの私立大学はもっと高額だという寝言も言えるかもしれないが、例えば、一八歳人口に占める大学進学率などを知るとき[57]、あるいは大学数の激増を知るとき[58]、これらにある連関から、大学教育とは、どういうふうに「高等教育」とされるのか、そしてそれが学生のその後の人生に、どのように投資となるのかについては、納得のいく説明理論があったら教えてほしい。

明確に言い切る大学経営者は、まずいないであろう。もっと適切に言い換えれば、二一世紀の日本において「大学進学」とは、ある種類のプランを、親と子のプライドのために消費していく衒示的消費に過ぎないと言ったほうが正当であるかもしれない。

というのも、現在の子が親の年齢となっても、その給与は全般に二・三倍程度にしかならず、そのときには、家計支出も上昇している可能性もある。例えば、大学の授業料無償化が制度化されるようなことが実際にありえたら、そこでの収支はプラスになる可能性も高いやもしれないが、それは親が子、あるいは国が将来に、投資をしたということになるのかどうかは、大学が提供する内容と将来もたらされる意図せざる結果の関係を見なければわからない。むしろ、今そこで消費されてしまっているとも言えるだろうし、そうした消費が、どういう生産に結びついているのかということである。校舎建物であろうか、教室内設備であろうか。将来への人材育成ということなのだろうか。

さて、現在八〇歳代後半、すなわち昭和ひと桁世代で、現実に支援・介護を受けている人たちと、これから支援・介護対象となっていく、とりわけ八〇〇万人いる団塊世代とを比較すると、ある相違があることについて述べた[59]。

マイホームを獲得した時期が、一九八〇年代末から一九九〇年代初頭の「バブル期」に重なっているとすると、その後二〇年から三〇年にわたって返済していった住宅ローンに対して、完済して獲得した不動産はその価値を大きく下げてしまっている場合が多いはずである。

このことは今、支援・介護を受けている八〇代後半の人々が、一九七〇年代に取得した場合と大いに違っている。この世代が取得した不動産は、バブル期に当然、その価値を上昇させ、その後。下落しているが、その下落過程を経ていたとしても、まだなおそれを取得した時の価格よりも、大きく資産価値を増加させていると考えることができるからである。

日本全国の地価推移を見るなら（図2-6）、一九八九年から一九九一年のバブル期に不動産を取得して現在もそこに居住をしているとすると、その資産価値は、全国平均で三分の一にまで減少していることになる。ローンで取得していると、ローン完済後、取得不動産の価値が取得時の三分の一にまで下がっているということであり、返済金は金融機関を潤わせたかもしれないが、所有者は、この期間の資産損益のマイナスは大きかったということになろう。バブル期の住宅ローン金利が六パーセント上だったことなどを考えるなら、取得額の倍を大きく超える金額を返済していたとも考えられる。この世代の老後は、現在、昭和ひと桁、昭和一〇年代の老人が、支援・介護の価格水準を引き上げていく可能性もあるために、将来の状況を考えると、その見通しは、けっして楽観的に

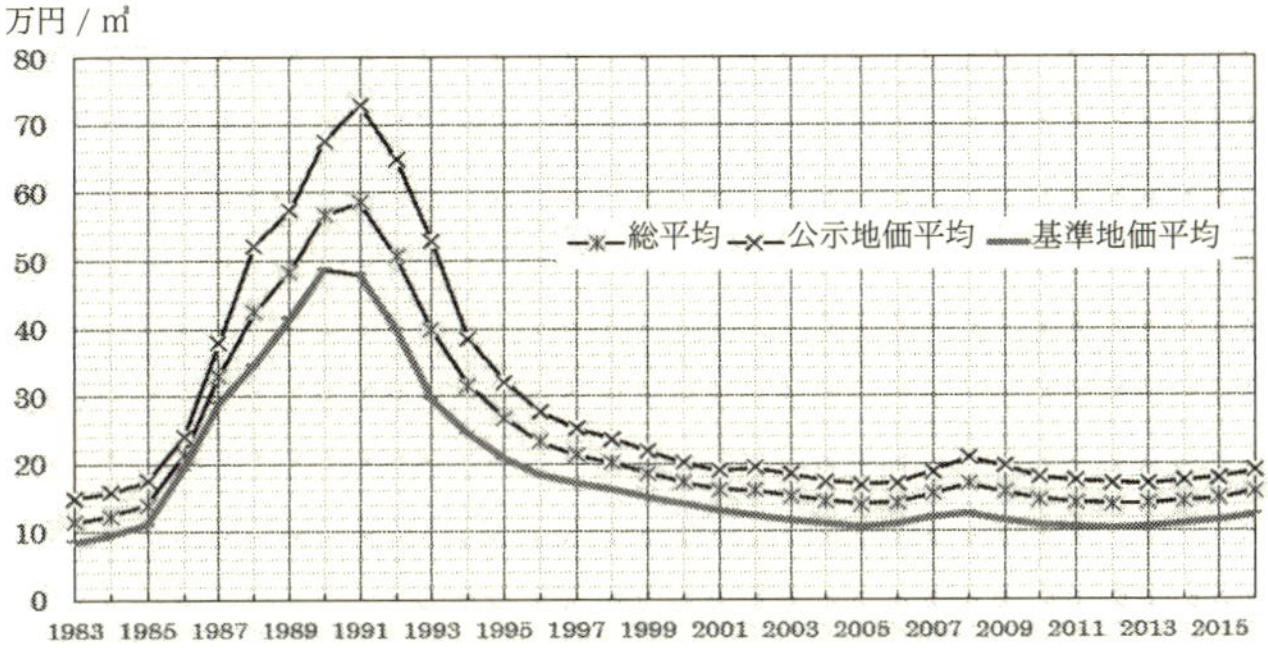


**図 2-6 日本全土の地価推移グラフ**

※『土地価格相場からわかる土地代データ』（http://tochidai.info/）内のデータから筆者がグラフを作成。

はなることがないはずである。

東京都区部、名古屋市内、横浜市内など限られた地域の不動産価格は、二〇一七年、やや上昇気味ではあるが、それ以外の日本の各地は、さらに下がる傾向がある。

例えば、東京から一時間を超える通勤圏、ちょうどバブル期に開発され分譲された住宅区域の地価をたどってみると、まさにその時期に当該不動産を取得した人たちは、不動産の資産価値を、場合によっては、五分の一まで下げてしまっている。取得時四〇歳だとすると、現在六〇代後半、年金生活が始まった頃と重なることになる。当然、将来に対しては貯えが砦ということになるだろう。と同時に、政府の経済政策をどこまで信用することができるか、悪性のインフレが起こり貯蓄も大きく価値を喪失してしまうことにはならないだろうか、その懸念や心配は大いにありうることである。

死ぬことは確実であるが、いつそれがやってくるかについては不確実である中で年金生活者の日常生活、あるいは介護施設、さらには医療施設での日常生活をあたかも終わりないように生き続けて行く場合には、残念ながら、流動性を担保した預金しか期待することができないということになってしまっている。

そして史上最高額にまで積み上がる預金量に対して、国内での成長戦略に投資をしていく期待は、やはり不確実である。積み上がった預金は、長い年金生活、介護と医療にのみ費消されていく可能性が少なくないし、それがひとつの成長産業と位置づけられさえしている。これのビジネスチャンスは、確実な死に向かって不確実に続いていく日常の終わりなく続いていく費消が確実だということにあるということになろう。

# 註

1　二〇一七年七月二八日発表の『平成二八年簡易生命表』による。対象の年次は二〇一六年。二〇一七年三月一日発表の『第二二回生命表』によると女八六・九九歳、男八〇・七五歳。対象の年次は二〇一五年。
2　厚生労働省『平成二八年度社会福祉施設等調査』「結果の概要　表1　施設の種類別にみた施設数・定員（基本票）」から。
3　池上直己『日本の医療と介護——歴史と構造、そして改革の方向性』日本経済新聞社二〇一七年、一八一頁から本意を損なわないように圧縮した。
4　上野千鶴子『おひとりさまの老後』文春文庫　二〇一一年。
5　池上前掲書一五〇頁。
6　こうした介護の苦難について、さらには介護殺人ということについても報道される現在である。例えば、安藤優子「スポットライトの裏での〈仕事〉と〈介護〉両立の十年間」『週刊新潮』（二〇一七年四月六日号）は状況をよく理解させてくれる。
7　第1部第三章1.「言語行為——再説と拡張」一九頁の（六）参照。
8　「コ・メディカル」と和製英語でも呼ばれる。
9　堺屋太一『団塊の世代「黄金の十年」が始まる』文藝春秋　二〇〇八年。
10　那須宗一・一番ヶ瀬康子・黒田俊夫、馬場啓之助・水野肇「座談会　高齢化社会の問題状況」『ジュリスト増刊総合特集　高齢化社会と老人問題』No. 12（有斐閣一九七八年）一九頁。
11　堺屋太一『団塊の世代』文藝春秋　一九八〇年。
12　David Riesman, *The Lonely Crowd —— A study of changing American character*, Yale University Press / New Haven 1961. リースマン『孤独な群衆』（加藤秀俊訳）みすず書房　一九六四年。
13　Vladimir Jankélévitch, *La Mort*, Flammarion Editeur / Paris 1966. ジャンケレヴィッチ『死』（仲沢紀雄訳）一九七八年、みすず書房、二〇四頁。

14 Martin Heidegger, *Sein und Zeit*, Max Niemeyer Verlag / Tübingen 2001 (1926), S.239. ハイデッガー『存在と時間』（細谷貞雄・亀井裕・船橋弘訳）理想社　一九六四年、下巻二〇頁。
15 森（二〇一四）一三一頁。
16 ジャンケレヴィッチ『死』二〇四頁。
17 森（二〇一四）一三二頁。
18 Georg Simmel, *Lebensanschauung*, in: Georg Simmel *Gesamtausgabe 16*, Frankfurt am Main, S.301. ジンメル『ジンメル著作集9　生の哲学』（茅野良男訳）白水社　一九九四年、一三二頁。
19 *Sein und Zeit*, S.253.『存在と時間』下巻四三―四頁。
20 *Sein und Zeit*, S.238.『存在と時間』下巻一九―二〇頁。
21 第1部第二章（七頁）以下参照。
22 *Lebensanschauung*, S.308.『ジンメル著作集9　生の哲学』一四〇―一頁。
23 Fleur Wöss, "Bitten um einen friedlichen Tod -Der Pokkuri-Glaube", in: *Nachrichten der Gesellschaft für Natur- und Völkerkunde Ostasiens*, Jg. 1981, Heft 131, S.5-16, "Pokkuri-Temples and Aging-Rituals for Approaching Death", in: Mark R. Mullins, Shimazono Susumu, Paul L. Swanson (eds.), *Religion and Society in Modern Japan*, Asian Humanities Press / Nagoya 1993.
24 厚生労働省「主な年齢の平均余命の年次推移」『平成二七年簡易生命表の概況』参考資料二　平成二八年七月。
25 Wöss (1981), S.7.
26 日本学術振興財団の奨学生として東京大学に留学したヴェスは、自らが受けていた奨学金の給付額と、当時の老齢年金の額を比較して、その少なさを指摘している。
27 Wöss (1981), S.13.
28 『高齢化社会と老人問題』ジュリスト総合特集 No. 12.　有斐閣　一九七八年。
29 第2部第一章（二八頁）参照。二〇一七年七月二八日発表の『平成二八年簡易生命表』から。
30 上野千鶴子『おひとりさまの老後』文春文庫　二〇一一年。

31 大岡昇平『野火』新潮文庫　一九五四年、五三―四頁。
32 第2部第一章2．（三六―七頁）参照。
33 マックス・ウェーバー『社会主義』講談社学術文庫　一九八〇年。
34 森　元孝『アルフレート・シュッツのウィーン――社会科学の自由主義的転換の構想とその時代』新評論　一九九五年、四七頁以下。
35 マックス・ウェーバー『プロテスタンティズムの倫理と資本主義の精神』岩波文庫　一九八九年、三六五頁。
36 マルクス、エンゲルス『ドイツ・イデオロギー』岩波文庫　一九五六年、四三―四頁。
37 ウェーバー『社会主義』五六頁。
38 ジャンケレヴィッチ『死』二〇四頁。
39 マックス・ウェーバー『社会学の根本概念』（清水幾太郎訳）岩波文庫　一九七二年、八頁。
40 Max Weber, *The Theory of Social and Economic Organization*, (Edited with an Introduction by Talcott Parsons), Oxford University Press/ New York 1947, p.88.
41 Talcott Parsons, *The Structure of Social Action ――A Study in Social Theory with Special Reference to a Group of Recent European Writers*, McGraw-Hill 1937 (Free Press 1968), p.44. パーソンズ『社会的行為の構造（第一分冊　総論）』（稲上毅・厚東洋輔訳）木鐸社　一九七六年、七八頁。
42 Talcott Parsons, *Action Theory and the Human Condition*, Free Press / New York 1978.
43 マックス・ヴェーバー著『社会科学と社会政策にかかわる認識の「客観性」』（富永祐治・立野保男訳・折原浩補訳）岩波文庫　一九九八年、三〇頁。
44 青井和夫編『社会学講座1　理論社会学』東京大学出版会　一九七四年。浜島朗編『社会学講座2　社会学理論』東京大学出版会　一九七五年。
45 John Maynard Keynes, *The General Theory of Employment, Interest and Money* (*The Collected Writings of John Maynard Keynes, Vol.VII*), Macmillan / London 1973 (1936). ケインズ『雇用・利子および貨幣の一般理論』東洋経済新報社　一九八三年。
46 Keynes (1936), p.115.『雇用・利子および貨幣の一般理論』一一三頁。

47 Keynes (1936) ,pp.195-9.『雇用・利子および貨幣の一般理論』一九三―七頁。

48 Keynes (1936) ,p.115.『雇用・利子および貨幣の一般理論』一九三頁。

49 第3部第二章第4．（一三三頁以下）参照。

50 Keynes (1936) ,p.357-8.『雇用・利子および貨幣の一般理論』三五八頁。

51 「一年間手取り収入（臨時収入を含む）からの貯蓄割合（金融資産保有世帯）」『家計の金融行動に関する世論調査［二人以上世帯調査］』（平成一九年以降）知るぽると　金融広報中央委員会（http://www.shiruporuto.jp/public/data/）によると、一九六五年（一四％）、八〇年（一八％）をピークに下がり続け、二〇〇〇年（一〇％）、〇九年（八％）、その後九％が続いている。

52 Keynes (1936) ,p.210.『雇用・利子および貨幣の一般理論』二〇八頁。

53 Keynes (1936) ,p.211.『雇用・利子および貨幣の一般理論』二〇九頁。

54 「所定内給与」とは、時間外手当、早朝出勤手当、休日出勤手当、深夜手当等をのぞいた支給額。

55 このデータの平均年齢は四二・二歳、勤続年数平均は一一・九年である。

56 ちなみにこの期間、この学校法人の教職員の人件費総額の伸びも、教職員数の伸びも、最も伸びている研究教育費の伸びも四・八倍よりはるかに小さい（早稲田大学教務部『統計で見る早稲田大学』当該年版）。

57 一九九二年の一八歳人口二〇五万人うち大学・短期大学進学率三八・九％、二〇一五年の一八歳人口一二〇万人うち大学・短期大学進学率五六・五％であった。

58 四年制大学の数字を挙げると、一九九二年（国立大学（九八校）、公立大学（四一校）、私立大学（三八四校）、合計（五二三校））であったが、二〇一五年国立大学（八六校）、公立大学（八九校）、私立大学（六〇四校）、合計（七七九校））となる。

59 第2部第一章5．（四六頁以下）参照。

# 第 3 部
# 「統治」の帰結
## ――社会の同一性

## 一、ホッブス問題とは何か？——言論と討議の国家神学

人たちを人（たち）が治めることの正統性は、どのようにあるのかについて、その合理的な説明を調達することが、為政者とその御用学者の勤めであり続けた。社会学の通俗教科書では、パーソンズによるホッブス問題の解決としてまとめられるが[1]、すでにホッブスにおいてその調達の正統性に疑義があることが問われてきたことを知らねばなるまい。

トクヴィルは、アメリカの民主政を見聞し、ミルはイギリス議会政治の正統性を、それぞれの時代に論じた。言論であり討議がその基礎となる。この構えが二〇世紀後半に至っても残る。ハーバマスのような論者は、最終審級は「討議」だとして、それにより理性的で合理的根拠が獲得できるとまだなお考えていた。

しかしながら、人の集まりを、言語を介したコミュニケーションだけで基礎づけることはきわめて難しい。フッサールの超越論的現象学は、モナド共同体としてその関係を前言語的水準、すなわち意識論の水準で問うていた。

シュッツの社会的世界の構成論は、行為主体が、意識水準のみならず、身体性、言語性も含めて社会を構成していくプロセスを主題化しているし、この人のシンボル論は、逆に、意識や身体や言語の主体が、どういうプロセスをつうじて析出し現出するのかを明瞭にしてきた。

現代民主政は、言論と討議で根拠づけることは到底できないというのが、本章の結論である。言語性以外の身体性の水準、意識性の水準、さまざまな媒体を考慮しなければならないということである。権力を、言説と討議で制御するという、おきまりの図式の実効性は疑わしく、おきまりの神学でしかない。これについて、シュッツの僚友フェーゲリンが展開してきた思想史と、シュッツの精密な社会理論の関係から考察する。

## 1. コズミオン——フェーゲリンの着想

アレクシス・ド・トクヴィルは一八三五年『アメリカの民主政』の中に、こう記している。「民主政という点で見ると、政府は天の恵みではなく必要悪である。いくらかの諸権力が公務員たちに与えられる必要があり、そうした権力がなければ、彼らは何の役にも立つまい。だが権力の露出は公務遂行に絶対必要ではなく、公衆には必要以上に不快である」[2]。

民主政というのは、ひとつの統治形態である。そしてこれも、どんな民主的政府だとされても、公務員と権力なしには存在しえないということでもある。公務員とは、「人」をめぐる類型のひとつである。権力も、たくさんある媒体のひとつの型である。

人々を組織するには、この媒体が要り、そのための「人」が要る。「人」を公務員にするのは権力ということである。言い換えれば、強制力（force）であり、この力によってその人を、そういう人の類型として確認させるのである。政治力や軍事力も、こうした強制力を執行する「人」とともにある。政治家、軍人などである。執行が、適切に正統化されない場合、ハラスメントやバイオレンスということになる。

暴力《バイオレンス》は、身体およびその延長にあるものを毀損する物理的力である。逆説的に聞こえるが、政治権力が存在しうるというのは、そうした物理的な強制力が、身体やその延長にある物事を毀損しないためにある。いかなる損害もなしに、誰かに何かをさせる力を発揮するシンボル媒体が権力ということになる[3]。したがって、しばしば武力も防御のために必要であり、ただちに暴力とイコールということではないという考えも出てくる。

複数の人たちが強制力で媒介される関係は、フッサールが考えたモナド共同体、あるいはシュッツが考えた社会的世界のような領域とは違っている[4]。モナド共同体もそうだが、社会的世界として考えられている世界は、感覚をつうじて時間性と空間性が分節分化されてはいるが、権力という媒体で秩序づけられているものではない。言い換えれば、政治権力のない人間関係がもちろんあるということである。しかしながら、それが組織化される場合、当該の人たちのそこでの諸関係は、まさしくこの政治権力により統治されることが不可避となる。注意したいのは、「権力」が、ただちにネガティブに評価されなければならないということではないということ。そして「権力」がなければ、人々の組織というのは成り立たないということである。組織があるとは、その種の「力」

が働いているということである。

したがって、ここから問題にしたいことは、時間上、空間上の隔たりで分節される社会的世界が、いったいどのように政治権力により媒介される人たちの組織化された水準へと編成されていくのかということである。

エリク・フェーゲリンは、そうした政治権力によって媒介される人たちにある関係を、コズミオン（cosmion）と名付けた。

「統治を企図するというのは世界創造への試みである。相争う人間たちの欲望という形のない広漠から、ひとつの秩序界が生じる。小宇宙のアナロジーであるコズミオンが、内部および外部の破壊力で壊れるかもしれない生活を主導し、そこの掟を内部で破壊する者に対しても、外部から攻撃する者に対しても、暴力という究極の威嚇と適用で、その存在を維持していく」[5]。

コズミオンという、シェルター機能の創出が、内部に対しても外部に対しても適切な秩序を維持し保存していくために不可欠である。外部に対して、そして内部に対してこのコズミオンを防護するために、究極には暴力を使用するということでもある。しかしながら、物理的強制力を使用することは、保持されるべきその秩序自体を、偶発的に破壊してしまうことにもなる可能性を秘めている。暴力と政治権力との相違と、その区別こそ、そうした危急の場合には、決定的な事柄となる。

民主政とは、政治権力を使用する際の、複数可能なうちのひとつの形態である。ひとつの様式であり、それだからこそコズミオンの防護機能の存立様態は、古代以来、現在に至るも、まだ合理化され続けていくのである。しかし、「いったん防護機能の十全な導入が実現するや、政治理念の問題という諸次元が可視化してくる」[6]。

すなわち、どのような形で権力あるいは暴力の行使がありうるのかについての説明が選択され、そしてどうしてそう決定されるのかが、合理化され説明されなければならないということである。民主政の場合、統治者が、統治される人々すべての意志を正しく代表しているとして、それはその合理性が理論化される必要がある。

## 2. ホッブス秩序の起源

フェーゲリンのコズミオンの概念に、シュッツは、彼の社会的世界論からアプローチしていく。次のようにフェーゲリンを援用している。

「人間社会は、観察者が研究する外部世界の事実や出来事にすぎない自然現象とは違う。重要な構成要素のひとつとして外部性はあるが、ひとつの全体として小さな世界、コズミオンであり、自分たちの自己実現の様相や条件として継続的に創出し産出していく人間たちにより、それは内部から意味づけ照らし出されていく。精巧なシンボリズムをつうじて、すなわち儀式から神話をへて理論に至る一体と分化の多様な度合いで飾りつけられている」[7]。

まさしく、われわれの生きる小宇宙は、そうである。精巧なシンボリズムが、ひとつのコズミオンを照らし出し、さまざまなシンボルが、そのコズミオンの保持と維持に不可欠な内部を編成していく。パースペクティブと身体運動により分節される社会的世界の構成を踏まえ、コズミオンの内部構成とそれの正当化と合理化の説明が重なり合う。しかし、そこにおいて、いったい何が適切で正当化され合理化されるかは深刻な問題である。相対的少数者が、それ以外の多数者を代表するからである。

「国家（州）が行使する権力は、統治者に代表される。〈代表される〉というこの言葉を不用意に使っているのではない。というのも国（州）の統治者は、執行権力をなるほど代表してはいるが、諸権利のいくつかを行使するにすぎないからである」[8]。

フランス革命に際して、旧制度《アンシャンレジーム》の貴族出身者トクヴィルにとっても、アメリカの民主政は、ヨーロッパの同時代者たちに説明しなければならないコズミオンであったし、それがこの人の政治思想であり理念となった。大変興味深いことに、それより百年前には「国家、其ハ朕ナリ」と、ルイ一四世は考えていた。そうした絶対君主政も、もちろんひとつの政治思想であり理念でもある。しかし、この種の君主制は、独裁制や専制として、現在では一般に批判されるべきものともされている。

「コズミオンの存在とは信仰のひとつの表現であり、信仰こそリアルである。そう信ずる者も、リアリティのひとつだが、おそらくは、まわりに広がる関係より堅牢で強力なひとりである。というのも、コズミオンに安寧を求めるよりも、世界を断固として見つめる魂の活力と強さを求めるからである」[9]。

ルイ一四世もトクヴィルもそれぞれのコズミオンを描いていた。王権神授説という理論において、すでに宇宙《コスモス》、神そして王の間に広がる布置連関の正統性は、凋落していく運命にあった。

トクヴィルが合衆国での自らの旅を描出せねばならなかったのと同様に、この先述の「王」も、自らが絶対君主であることを説明せねばならなかった。それぞれに、それぞれの信仰と理念が支持することになる。それゆえに、それぞれの信仰や理念が、それぞれにおいてリアルであるかどうかが決定的に重要になる。

宇宙、神、王、これらの間にある真理をめぐる対応関係はすでに失われている。聖職者が、神や精神を呼び起こすことはもうなく、高邁な思想家や哲学者が、あるいは御用学者が、小宇宙であるコズミオンを、宇宙《コスモス》を類比する単位として、それぞれにレトリックを操って説いていくのである。

フェーゲリンは、こうした逃れることのできない人間たちの運命を、『リヴァイアサン』の中に見抜いている。

「いっさいの人間行為、その根源は、機械的に理解するなら、外部刺激に向いた人の反応にある」[10]。言い換えるなら、「人間の幸福は、ホッブスにとって、ある対象から別のそれへの欲望の持続的な進展」[11]ということであり、したがって、「公共の秩序は、論争を超える国家神学（theologia civilis）なしには不可能だった」[12]。これが、『リヴァイアサン』の最も重要な主題だったのである。『リヴァイアサン』で始まる近代とは、こういうことだったのである。哲学者や思想家、そして官僚、小役人、御用学者、文筆家たちが描きに描き出そうとする要点は、宇宙、神、王の間にあった布置連関から、社会的諸世界内の秩序説明を実践していくという自分たちの関心の移動にある。

例えばパーソンズは、生活世界や社会的世界という現象学の用語を使うことはなかったが、やはりこの人の主要な関心は、人間行為の相互作用プロセスが、「共通価値」と呼ぶものにより調整されていくということにあるとみていたことにある。すなわち、彼以前に、ジョン・ロックやジャン・ジャック・ルソーが、「万人の万人に対する闘争」というホッブス流の秩序を、人間社会は、自由と平等により構成されるべきだということに基づいた社会契約で調整しようとしていたが、パーソンズの理論思想も、そうしたヴァリエーションのひとつにほかならなかったということである。

## 3. 「人」の現出と代表――モナド共同体から社会的世界へ

純粋哲学の領域では、この種の試みは、フッサールの『デカルト的省察』にある。その根本的な問いは、単子《モナド》であるモナドの共同体を想定しながら、単子である自我がどのように単子である他我（たち）を捉えることができるのかということにある。哲学的省察によりフッサールが導いたのは間接呈示（appresentation）ということであり、それは類比による統覚（analogical apperception）という着想であった。他我は、自我と、他我（たち）となりうる可能態と対《つい》になることで構成され、自我という動く有機体と同じふうに捉えられる[13]。それ（ら）はつねに生き生きとして現前するが、実際の存在を獲得しえないかもしれないし、知覚した対象そのものとはならないかもしれない。そういう単子たちの共同体が考えられている。

対化（pairing）というこうしたロジックは、類似のまとまりに基づいており、そのまとまりは同一と差異とにある、それらの差異から生じている。言い換えると、$t_n$における同一と、$t_{n+1}$における同一とは、同一ではあるが、時間的な差異として連想されるということになろう。

シュッツは、こうしたフッサールの純粋哲学によるモナド共同体とは異なり、「同時性」と「疑似同時性」、そして「あなた」と「やつら」の差異として、対化のロジックを拡張する[14]。第1部で詳述したように、同時性と疑似同時性の差異に基づいて、世界、言い換えればコズミオンは、現在（同時代）と過去（先行者の世界）、あるいは将来（後続者の世界）として時間的に分節される。また、「あなた」と「やつら」に基づいて、同時的にある世界《コズミオン》は、親密関係（face-to-face relation）と匿名領域として分節され、さらに仮想時空へと広がっていく[15]。

このように分節される社会的諸世界は、フッサールが『デカルト的省察』において前提とした「モナドたちの共同体」という着想とは異なっている。シュッツの理論では、モナドたち相互にある隔たり感覚は、諸々のパースペクティブの差異、遠近感の差異として考えられているからである。すなわち「同時性」と「疑似同時性」、「親密性」と「匿名性」、「あなた」と「やつら」、「先行者」と「同時代人」、「後続者」と「同時代人」という、さらなる命名区別ができるようにである。

こうした構成理論を踏まえて、レリバンス（relevance）体系の理論は、社会的諸世界に様々に現れ出る「人（たち）」の相互作用と。この「人（たち）」が出現する帰属点に焦点をあてるものである。すなわち、フッサールの脈絡では、モナドが、類比による対化という相互作用において、どのように現れ出るのかであったが、シュッツの社会的世界の構成論においては、パースペクティブの区別が可能であり、そう区別する「人」が析出してくるプロセスは、どのようになっているかということが問題となる。

方法論的個人主義と呼ぶことができる古風な考え方とは異なり、すなわちモナドや行為主体を所与前提にして、それらが作る相互作用を論じるというのではなく、相互作用が所与前提で、モナドや行為主体が、どのように析出していくのかが主題となる。発想が逆転している。

シュッツは、レリバンス理論と関係して、晩年、四つのスキームを区別する。すなわち、統覚スキーム（apperceptual scheme）、類比スキーム（appresentational scheme）、指示スキーム（referential scheme）、文脈・解釈スキーム（contextual or interpretational scheme）である[16]。これらのスキームは、レリバンスの三水準に対応している（**表3－1**）[17]。

これらの水準が示すのは、相互作用プロセスと、そこにありうる様々な帰属点にさまざまな人た

表3-1　間接呈示状況における秩序水準と関連付与《レリバンス》の体系

| 水準 | スキーム | 関連付与の体系 |
| --- | --- | --- |
| I | 統覚スキーム | （生への注意） |
| II | 類比（間接呈示）スキーム | 主題的レリバンス |
| III | 指示スキーム | 解釈的レリバンス |
| IV | 文脈・解釈スキーム | 動機的レリバンス |

ちがどのように現れ出るかという問題であり、人が現れ出る状況と、それを関連づける体系の関係である。

第I水準「統覚スキーム→生への注意（attention à la vie）」は、感覚的あるいは直観的な水準である。言い換えると、このスキームで捉えられる状況は、生への注意により直接的に統覚される諸々対象の秩序ということになる。

第II水準「類比スキーム→主題的レリバンス」は、再帰的な水準である。すなわち、対象がそれ自体として直接的に捉えられるのではなく、対象それ自体とは違う何かに遡及関連している水準である。その主題は、類似と同一にある差異に基づいており、その状況が、当該者（たち）により類比的な仕方で主題として捉えられる。

第III水準「指示スキーム→解釈的レリバンス」は、言語水準を基礎にしている。したがって、第II水準が非言語領域から言語領域へと広がりつつあるのに対して、第III水準は、その第II水準を、他の類似要素の集合から区別しつつ、対になった対象として捉えている。

第Ⅳ水準　「文脈・解釈スキーム→動機的レリバンス」も、言語水準を基礎にしている。第Ⅲ水準が関わるのは、言語による指示対象をひとつの個別の要素として捉える個別の状況である。第Ⅳ水準では、この個別性が、より一般的に捉えられている。すなわち、第Ⅱ水準の類比秩序と、第Ⅲ水準の指示要素とにある関係が、もっと一般的な布置連関の水準で捉えられるということである。

第Ⅱ水準で類比的に統覚される「人」は、第Ⅲ水準では対象化される。さらに、この人が纏い背負うそうした対象化された脈絡構造は、第Ⅰ水準における直観ではなく、動機をめぐり第Ⅳ水準では言語により解釈される。

こうやって現れ出て捉えられる「人」は、単一で同一の水準にある共同体にいるモナドではなく、特別に区別される「個別の人（たち）」となっている。「人（たち）」は、そうした精巧なシンボリズムにより代表されて現れ出るということなのである。

## ４．分節の機軸《リソース》――同時世界の分節

民主政の存続は、政治権力が当該の人々すべてにどのように執行されるか、その決定に左右される。この決定は、ひとりの人、あるいは人たちの集合体である機関、あるいは（複数の）集合体から成るさらなる集合体である連合体にもなる、人の代理主体（agent）に帰属する。

そうした権力を執行する基本欲求は、まずは感性かつ直観により統覚される。そしてその基本欲求が、類比により類似の出来事や対象物と比較され吟味されながら、ひとつの主題（トピック）として設定され調整される。

主題の可能性や妥当性は、当該する人々の間にある類比し合う関係にとどまらず、観察者のパースペクティブを含む指示関係によって、作り上げられひとつのまとまりとして解釈される。先の第Ⅰから Ⅳ水準へと進行していく。

この解釈的関係は、まとまりとして解釈していく次元に引き上げられていく。解釈について、未来方向への動機を求めれば目的動機（in-order-to-motive）の解明となり、過去方向へのそれを辿れば理由動機（because-motive）の解明となる[18]。この時空次元上に、政治権力が帰属する主体として代行者、機関あるいは連合体が現われ出ることになる。

代行者は、統覚される水準あるいは類比される水準での自身とは違い、感性で統覚され類比で間接呈示されるのみならず、口語的にあるいは文字的に説明され正当化される諸経験として捉えられる。そこにおいては、（諸々の）出来事および（諸々の）対象それ自体の時間を経た、意味を帯びた沈殿物を引き受けることになる。そうした沈殿物が、代理人による諸行為をめぐる動機説明の際にリソースとなる。さまざまなヒストリーが、人間諸個人や諸団体を描いてきたということになる。われわれが習い知ってきた政治権力のヒストリーもそのひとつということになる。近代人は、人生の目的をめざし、生きる理由を考えながら生きてきたはずである。

権力を執行するとは、その担い手が、さまざまな言語表現、例えば物語、詩など、あるいは非言語表現、例えば祈り、踊り等で表わされる諸表現を伴いながら、誰か「人」あるいは何か「物」に帰属していくということにつながっていく。帰属する最終で確実な審級は、物語、詩、祈り、踊りなどではなく、もっと違う何か、象徴や、「神」だということもある。

何かを実行することと、政治理念との対応関係として、真理とはあるはずだと伝統的な意味で本来考えられてきたが、ホッブス以後の近代は、そうした「国家神学」の欠如欠損と補充補填として考えられねばならないと、フェーゲリンは見ていた。

ホッブス、マキャヴェッリのような思想家たちは、超越論的真理をまだなお放棄しようとはしなかった。この点では、この人たちは、リアリストではなかったということであり、ただ彼ら流に、すなわち私的に、かつ機械的に自分たちの理念を提示することになった。

「リアリストにとって明白な個人的解決法は沈黙となろう。不幸なことだが、問題はそれほど単純ではない。われわれが認めざるをえないのは、歴史に効果的な、ひとつのリアリティとしての補助理念とともに、コズミオンを呼び起こすことである」[19]。

ホッブスの主張は、政治的まとまりの創造、すなわち政府の創設が、自然状態における諸々の闘争を避けるために不可避だということであった。「主権者への服従をつうじて、個の全能という狂気が砕け、人間は、その限界とともに自らの神を見出した」[20]ということであり、リヴァイアサンという神をコズミオンに見出した。

もちろん、ホッブス流の言説は、たくさんの思想家たちにより反証されもしてきた。先述のように、パーソンズも『社会的行為の構造』において[21]、「万人の万人に対する闘争」は、社会の成員たちにより分かちもたれる共通価値でもって調整され、水路づけられるという提案をしている。こうした発想は、二〇世紀のある時期まで、多くのアメリカ社会学者たちにとり、そしてこれを輸入した日本の社会学者たちとっては、大いに「リアル」なものとなったが、当然のことながら、急速にその説得力は消え失せていくことになった。

フッサールの『デカルト的省察』では、モナドたちの共同体が前提にされている。神の存在ではなく、神の存在証明を類比的に示し、デカルト哲学への言及で相互主観性の不可避性を証明しようとした。そうした構想は、二〇世紀の超越論的哲学者たちには、とてもリアルであったはずである。

ホッブス的秩序における「万人の万人に対する闘争」の場合、行為者たちは分かち持つ価値を介して等しく水路づけられ、その共同体にいる平等なモナドたちが、同じように等しく前提されているということになろう。

しかしながら、シュッツは、平等性の問題を、類型化とレリバンスのそれとしてもっとリアルに観察した。そして、社会的世界におけるパースペクティブの差異の理論的設定を基盤にして、四つの視点の分節にも言及している。

すなわち、(1)内集団の観点から、(2)外集団の観点から、(3)社会科学者の観点から、そして(4)哲学者の観点からというものである[22]。

こうした分節は、担い手（たち）あるいは人（たち）が、それぞれの観点からだけそれぞれに等しいだろうということでしかない。すなわち、それぞれの水準において類型化される人たちは、その水準においてだけそれぞれにリアルで等しいということである。内集団としての集団化、あるいは外集団としてのそれは、すでにそしていつも、諸々の人たちを、何かの類型として捉えるということである。

内集団と外集団との差異は、同時世界そのものが分節されるということである。シュッツの初期の業績において、同時世界は、対面関係という直接世界から、分化し分節しているが、視点を変えると、同時世界自体は、内集団と外集団の差異としてもその存在が確保されるということである。

たいへん興味深いのは、同時世界という同じ世界であるにもかかわらず、内集団における同一は、外集団における同一とはしばしば同じにはならない。「格差社会」は、国民国家社会「日本」という同時代の同一世界だとされるところで、例えばＧＤＰ六〇〇兆円目標で同じとされる「日本」という同じ（the sameness aimed-at）と、それぞれの生活において自明にされている同じ（the sameness to-be-granted）の差異が歴然と存在しているということである。外集団からのパースペクティブは、内集団からのそれとは違う。

「格差社会」として、社会科学者たちにより科学的にそれが観察されるとするなら、あるいは哲学的にそれが思弁されるとしても、それらの観点は、内集団と外集団それぞれのパースペクティブとは大いに異なっているに違いないということでもある。

たしかに「格差社会」というトピックを、様々な対象や出来事を類比により対にして連想して設定することは可能である。しかしながら、様々な観点による解釈の結果、すなわち内集団、外集団、社会科学者、哲学者のそれらは、ことごとく違っているはずである。

だから、そうだからまさに、そうした意見の相違が議論されるべきであり、そうあるべきとする要求を、ハーバマス流の討議理論として考えてみることはできる。しかしながら、その結果を言えば、動機理解というものは、それぞれの文脈的・解釈的スキームを使うことでしか可能ではないということであり、それゆえに「人権」という普遍性と抽象性の極めて高いコンセプトなどが際立たされざるをえなくなってくるのである

## 5. 機軸《リソース》の揮発——代表と媒体の同時進化

ジョン・スチュアート・ミルは、政府の理想的最良形態として代表制を考えた。すなわち、「理想的に最良の統治形態とは、端的に示すなら、主権すなわち最後の手段としての最高統制権力が、コミュニティの集合体全体に付与されていて、市民それぞれが、その究極主権の行使に発言権を有するだけでなく、仕方がない場合には、ローカルあるいはジェネラルに公共機能をみずから遂行することで、統治に実際に参加することが求められるということである」[23]。

これは、すべての市民を制御する主権あるいは最高権力は、その共同体のすべての集まりによる実際の参加に完全に依存しているということである。政治権力の、こうした同語反復的循環は、市民の、道徳的、知的、そして活動的能力に基づくものだということになる。言い換えると、理想的に最良の政府は、道徳的に、知的で活動的で有能な人たちによって、シティズンシップの能力を正しく代表されるのだということになる。

実際、人たちの間で「代表する―代表される」という循環が、道徳的、知的、活動能力により生まれていくが、そうした秩序づけは実際には、仕方がない場合がないようにないようにされていき、たいへん単調で退屈なものとなっていく。その単調さは、日常生活に内在する超越性に依存しているはずである。ミルの意味で代表される市民たちは、自ら数多の固有のサブユニバースを持っているはずである。そういう人たちを「市民」と呼ぶことができる。

だから、政治は、慣習的に、伝統的に、あるいは法合理主義的に、仕方がない場合がないように制御されている。そうしたパラドクシカルな論理で政治はリアルとなる。大統領、首相という指導者は、だからルーティン・ワークをアドミニストレートしていくためだけに、有能な官僚を巧みに使おうとするのである。

日々のルーティン・ワークも意味の限定された領域であり、それぞれのサブユニバースである。それゆえに、知性、活動力に溢れた人々は自由意志で、そうした小さな小世界から他のそれらに自発的に跳躍転移（leap）していくものである。人たちがそうするのは、まさに自然なことである。しかしながらミルが観察した、ヴィクトリア時代とは違い、二〇世紀の高度消費社会は、そうした「市民」と言われる人そのものも完全に変化させていった。道徳的、知性的、そして活動的能力は、すでに霧散してしまっているかもしれないのである。

代表される人たちは、自分たちと自分たちを代表していく人たちとの様々な違いを感じながら、実はその諸変化をつねに期待している。

支配は、代表する人と、代表される人との関係で構成される。道徳的、知性的、活動的な能力が高度消費社会において費消され失われていったとするなら、代表する人と代表される人との関係において、リアリティを維持するのは何だろうか。ミルの想定では、代表する人と代表される人とが互いにコミュニケーションし討議し合う、古典的な公共領域に基づくはずであった。そうした位相においては、「国家神学」の欠如にもかかわらず、代表の正統性は、類型化、解釈、動機をめぐって慎重に議論されそれ討議がなされ妥協ではあるが合意が獲得される。政治とその理論や理念とに対応関係が、どのようにありうるかはもはや問題ではなく、そのトピック、解釈、動機がいかにリアルかが問題となるにすぎないが、まだ獲得物がありえた。

ハーバマスの普遍語用論[24]におけるように、そうした位相は、発語内的力として切り出されるとしたら、それは素晴らしいが、今やそれはあまりにナイーブである。われわれがいる、何もかもが消費でしかない社会においては、相互作用プロセスにおいても、瞬時表象していくノンバーバルな要素も実はきわめて重要な役割を演じることになる。役者、歌手、演奏者、テレビキャスターのみならず、著名な政治家たちも実は「政治屋」として、プロのコーチングを受け、衣装のみならず、スタイリストたちによる化粧、プレゼンテーション効果を学ぶ必要さえある。

それに加えて二〇世紀初め以来、きわめて多様なコミュニケーション・テクノロジーがその進化とともに、社会そのものを完全に変化させてきたのである。

われわれは今や、様々なノンバーバルな要素と、可能な限りのコミュニケーション媒体を、言語行為の位相において、いわゆる発語内的なそれとは別に学び知り使うことができなければならない時代にいるのである。

## (ア) 代表性の消失

政治が理性的討議の上に築かれなければならないとは、しばしば、そしてしきりに言われてきた。ミルは、彼の時代にあって、成員たちの道徳的、知性的、そして活動的な能力に、今から思えばであるが、たいへん無垢な期待を寄せることができた。二〇世紀後半、ハーバマスは、相互作用プロセスの普遍諸要素に、まだなお哲学的な焦点をあて続けた。この成果を彼は普遍語用論と呼んだが、それは、もっぱら発語内的力だけから抽出できるものと考えていた[25]。

しかし、発話行為において命題文それぞれが発語内的力に依存するとしても、すなわち命題文の値が、特定の二値コード、例えば「真―偽」あるいは「正―邪」「善―悪」として決定されるとしても、それらの値(「真」「正」「善」)の妥当性は、他の水準の発話行為(発語行為と発語媒介行為)から、どのように独立であり続けるかは不明である。ハーバマスの前提は、理想的発話状況というものであった。しかしながら、そうした状況がどのように提供されるのかはきわめて難しい。仮に、それが人間のコミュニケーション理性だと呼ぶとしても、それはヴィクトリア時代のミルの能力とたいへん類似したものでしかない。その古めいた時代性を救済することはもうたいへん難しい。

フェーゲリンが指摘していたように、言語表現による出来事についての代表性は、ほんの微かな可能性でしかない。すなわち、ホッブス以降の近代においてはイデオロギーでしかなかった。諸々の命題は、さまざまな表現により正統化されるが、同時に、それらは様々なノンバーバルな表現と活動から自由であることはないのである。

## （イ）理性主体の消失

言語行為論と違って、フッサールは、対象の諸概念、経験の純粋領域、そして対象構成全般の源泉にある哲学的関係を、ノエシス―ノエマ分析として気がついていた。フェーゲリンは、一九二〇年代初めにすでにこのことを指摘している[26]。われわれは、思弁的にこの言語以前の位相に遡る必要がある。すなわち、対象が、いかにして内的時間意識のもとで捉えられるのかということである。

言語行為論と違って、フッサールは、人というものを、その身体運動と、その運動を統御する超越論的自我として観察している。何かについてのわれわれの知覚は、様々に違った様相で提示されていく。知覚することは、空間的に変化していく諸々の位置からと、時間的に運動していく諸々のパースペクティブをつうじて、捉えられていく。

このプロセスにおいて、われわれがどこかに移動し、パースペクティブの基点となる目と耳などの感覚器の位置を変えていくことになろう。「そういう仕方で、ひとつの知覚の統一は、われわれが、自然的態度における観察者たちとして、ある時は実際の諸対象をその諸変化として、ある時はわれわれのリアルに心理物理的主体性へのリアルで実際的関係に、最後には、それ自体に帰する、変様の膨大な多重性を含んでいる」[27]。そうした身体運動と超越論的自我が自然的に時空を構成していく。言い換えれば、無垢な知覚が、実はすでに諸変様の多元性の統一ということであり、超越論的とは呼ばれながら、それがあるひとつの素朴主観性による時空を「統一」しているかもしれないということである。

フッサールの初期業績における独我のモナドによる認識論的主題化は、晩年の『デカルト的省察』においては、その自我が、他我をやはり生きる有機体としていかに捉えるかが主題となっていく。しかしこの場合も、われわれの「視覚」と「聴覚」は、自然的に調節を集中し弛緩させながら、自分と似た他の生きる有機体として、あたかも自我と同じように現れ出る他我を、光、音、さらに他の感覚の性質として、その出現を捉えることになる。

第一に、「光」と「音」という基底媒体が前提にされ、第二に、それら媒体による知覚が、身体運動とともにさまざまに変様される。第三に、身体運動とさまざまな感覚諸体験の諸変様の総体を捉える主体として、「人」というものが現れ出るのである。最後に、そうした出来事の連鎖が、言語で表現される。それは、述べられ、説明され、問われなどするが、さらにそれと同じような精巧なシンボリズムで現れ出る人と遭遇していくことになる。

諸々の市民を代表しようという政治家やその候補者は、今や、言論と討議だとされた媒体「言語」だけではなく、マルチメディアを通じて出現し、かつそれで作られた時空に描き出され捉えられる、ひとりの「人のようなもの」として現れ出ることになる。

そしてわれわれは、それをひとつのトピックとして、類比的に解釈し、動機的に理解しようとするのである。しかし、なるほどそれがたいへんリアルだとしても、この人のようなものが代表していることと、この人のようなものによって代表されるものとの対応性を確証することは難しい。

## 二、システム統合と社会統合

### 1.「貨幣・権力」対「言語・討議」——ハーバマスの提案

社会が、どのような形で、どのように存在しているのかを明快に語ることは難しい[28]。ハーバマスは、二〇世紀の社会学において社会システム論展開に重要な寄与をした、アメリカ人パーソンズの名誉博士顕彰式典において、「行為とシステム——パーソンズのメディア論論評」と題して[29]、その後よく使われることになる「システムの生活世界への植民地化」という仮説を、パーソンズの貨幣(money)、権力(political power)、影響力(influence)、価値委託(value-commitment)という社会システムにおける四つのメディアを取り上げながら論じた[30]。一九七九年ハイデルベルク大学でのことであった。

前の二つのメディア「貨幣（money)」と「権力（political power)」が行為状況に波及し、後の二つのメディア「影響力（influence)」と「価値委託」（value-commitment)」が行為者の意図に波及するものであるとして区別し、前二つは、行為状況を制度化、組織化することに機能するのに対して、後二つは、威信と声望、文化と価値を、行為者に内面化、水路づける機能があるとし、後者二つについては、言語を媒介にしたコミュニケーションの主題であり、ハーバマスのコミュニケーション行為論、普遍語用論[31]の主題だとした。

ハーバマスによるパーソンズへの論及は、討議と行為に基づいた言語コミュニケーションによる社会統合に対して、行政と企業が貨幣と権力を媒介に計算設計していく資本主義経済社会のシステム統合というものがあるが、現代社会が、これら社会統合とシステム統合の対立相補関係から成っているというロジックに基づいているという点に関わる。

システム統合は、社会統合を基礎にしてこそ可能となり、社会統合は、言語を媒介にしたコミュニケーション的な行為関係であり、齟齬は合意に到達されるべく討議で解消されていく、そのための理想的な発話状況が確証されていかねばならないという批判的社会理論をハーバマスは構想していた[32]。

一九七九年ハーバマスが敢えて取り上げた問題は、システム統合に寄与する貨幣と権力が、テクノロジーの進化とともに、社会統合の機能を、言語コミュニケーションと討議から簒奪しつつあるのではないということにあった。

しかしながら、こうした問題設定は果たして正しいのだろうか。いや、それどころか、社会統合とは、そもそもは行政と経済のシステム統合のことであり、それゆえにもっぱら客観的にのみ観察しようとする視点からだけ社会《コズミオン》は捉えられなければならないということなのではないか。システム内、あるいはシステム間で発生する諸問題は、議会において議事慣例という別のシステムに従って、あるいはマスメディアという一種のショウビジネスのさらにまた別のシステムの枠内で、オピニオンリーダーとなる評論家を交えて行政が説明すれば、それで十分であり、システム統合という点だけで貫徹されるべきではないのか、むしろ過剰な言説が、論点を複雑にして合意への到達を不可能にしているのではないかという問題がある。

## 2．経済、市場、秩序

資本主義の生産様式によりシステム統合されているという視点は、ハーバマスの思想の素性でもあるフランクフルト学派の伝統を遡れば、それがマルクスに由来していることはよく理解できる。すなわち、「資本主義的生産様式が支配的に行われている社会の富は、一つの〈巨大な商品の集まり〉として現れ、一つの商品は、その富の基本形態として現れる」[33]。こうした前提で、マルクスは、『資本論』において、資本主義経済社会について商品の分析から研究を始めるとしたのであった。

富へと集積される商品を生産する手段の私有が、所有と収奪の関係を生み、人を対立する二つの階級に分裂させ、その闘争は最終的に資本主義を終わらせるとマルクスは、一八六七年に予言した[34]。

しかしながら、歴史は、予言どおりにはならず、それどころか『資本論』の時代とは比べることができないほど、富の集積は巨大化し、その生産様式自体が複雑化し、どこがどのように誰が誰を所有し収奪する関係となっているかを特定することすら難しい現在の社会となっていった。

商品連関という文脈で、経済を定義するなら、商品の生産と消費により出来上がっていく富の体系《システム》ということになる。生産から消費への時間経過は、「原材料↓使用↓一次商品↓使用↓二次商品↓……↓最終消費商品↓……」ということだが、最終消費されたあとに残った廃棄物も、例えば二酸化炭素も、今や商取引の対象とさえなりつつあり、この商品がn次的に時間連鎖していくプロセスはどこまでも続いていく。

所有が、「所有と経営の分離」として、生産様式の複雑化を表現するように、さらに経営のみならず所有も個人ではなく組織として可能となり、その人は、「人財」であり、新卒採用者↓研修↓配属↓中堅社員↓研修↓配属↓昇進↓定年↓……、あるいは……↓整理↓解雇↓……という諸々の出来事からなる時系列で結びつく出来事の連鎖であり、生産様式に取り込まれた商品としての「人」だということがわかる。

生産をするための財の売買、最終消費財の売買、そしてそのプロセスをつなぐ従業員という財としての人の売買、これらはどれも市場で貨幣を媒介にしてなされる。これらに対応させると、生産財市場、消費財市場、労働市場などと類別することができ、さらにこれらの活動を可能にする資金供給をする金融市場、資本市場などが現実にも、きわめて巨大に存在している。

市場は、売買プロセスの時空であり、商品の引き渡し代金支払いにより決済がなされる時空である。決済の表現は、商品の売買価格で表示される。したがって、「市場」という、かつては売値と買値の掛け合いプロセスがなされる時空間を物理的に頭に思い浮かべることが容易でもあったが、そもそもは、これは売値と買値との交錯と一致からなる仮想の時空のことであり、そこで生成している出来事は、原的には、商品の売買価格という変動する表象の時間連鎖ということである。

経済とは、この市場という価格変動で知覚される仮想時空のプロセスを観察しながら、商品売買をつうじて現れ出る人たちが活動しているということになる。それゆえに、貨幣という媒体を介して出来上がっていくコミュニケーション体系であり、貨幣という媒体により成り立ち、「社会統合」に寄与するものである。

先述のとおり、『資本論』第一巻での予測では、この資本主義生産様式が、社会主義革命により終わることとなっていた。しかしながら、実際には政治制度により統治をすること、そして統治されることも人は好むものだが、思想的、理念的には、マルクス主義とは違う古典的な自由主義もあり続けた。

すなわち、「人は、一般に公共の利益を推進しようと意図してもないし、どれほど推進しているかを知っているわけでもない。国外の勤労よりは国内の勤労を、その生産物が最大の価値をもつような仕方で方向づけることで、人はただ自分の儲けだけを意図している。そして人はこの場合にも、他の多くの場合と同じで、見えない手に導かれて、自らの意図にまったくなかった目的を推進するようになる。それが人の意図のなかにまったくなかったということは、必ずしもつねに社会にとってそれだけ悪いわけではない。自分自身の利益追求で、人はしばしば実際に社会の利益を推進しようとする場合よりも効果的にそれを推進する。公共の利益のために仕事するなどと気取っている人々によって、あまり大きな利益が実現された例を私はまったく知らない」[35]という、スミスに遡る政治経済学が称揚されていったとさえ言える。

秩序は、見えざる手により導かれていくというのである。では、その手は、いったい誰の手であり、誰が導いてきたのであろうか、例えば日本という社会にも、見えざる手があり、「神」がいるのだろうか。いるとしたら、それはいったいどんな神か、仏か、天皇か。

それどころか、日本における統治とは、明治の富国強兵以来、家業としての政治家、その二代目、三代目に帰属するということのようであり、あるいは黒子に徹しきれない官僚たちに帰属するということのようであるが、市場という仮想時空を、一定に維持し、さらに制御もしようと考えるとき、市場と経済は、つねに政治および行政により「システム」として秩序づけられ続けてきた。

## 3. 貨幣が媒介する非相称性と権力

貨幣も、言語と同様に、コミュニケーションを可能にする媒体のひとつである。ある人が、別のある人にカネを払い、別のある人がある人から物財を受け取るという関係を媒介し状況を作る。ただし、そのコミュニケーションにより結ばれる一方と他方それぞれに現れ出る人（たち）、あるいは組織（法人）は、つねに非相称であり続ける。すなわち、お金を支払い、財を得るという関係は、一方は交換価値を供し、他方は使用価値を得る関係であり、逆にみると、効用という使用価値を享受するために、媒体にある交換価値を手放す関係となっている。対等ではあろうが、それぞれの行為と体験の内容は、非相称である。

しかも、これら二つの価値の間に等価性があるかどうかは最終的にはわからない。物財の効用と、貨幣の金額表示の対応は、まさしく対応でしかないから、一致があるとしたら、交換がなされたその瞬間にあったということでしかないが、それは次の瞬間に消え失せている。次の瞬間、「安かった—高かった」「得をした—損をした」という区別により、内面の秩序が新たに出来上がっていく。貨幣は、そもそも「計算単位として」、「交換手段として」機能する。後者は、さらに「支払い手段として」あるいは「価値保蔵手段」として機能し[36]、これに続く一般性の高い接続可能性を担保する（図３−１）。

この点で、貨幣というものは、獲得することで費消し享受していくことができる具体的な効用の高い商品・サービスとはまったく異なるものである。一般性の高い接続可能性を担保するゆえに、

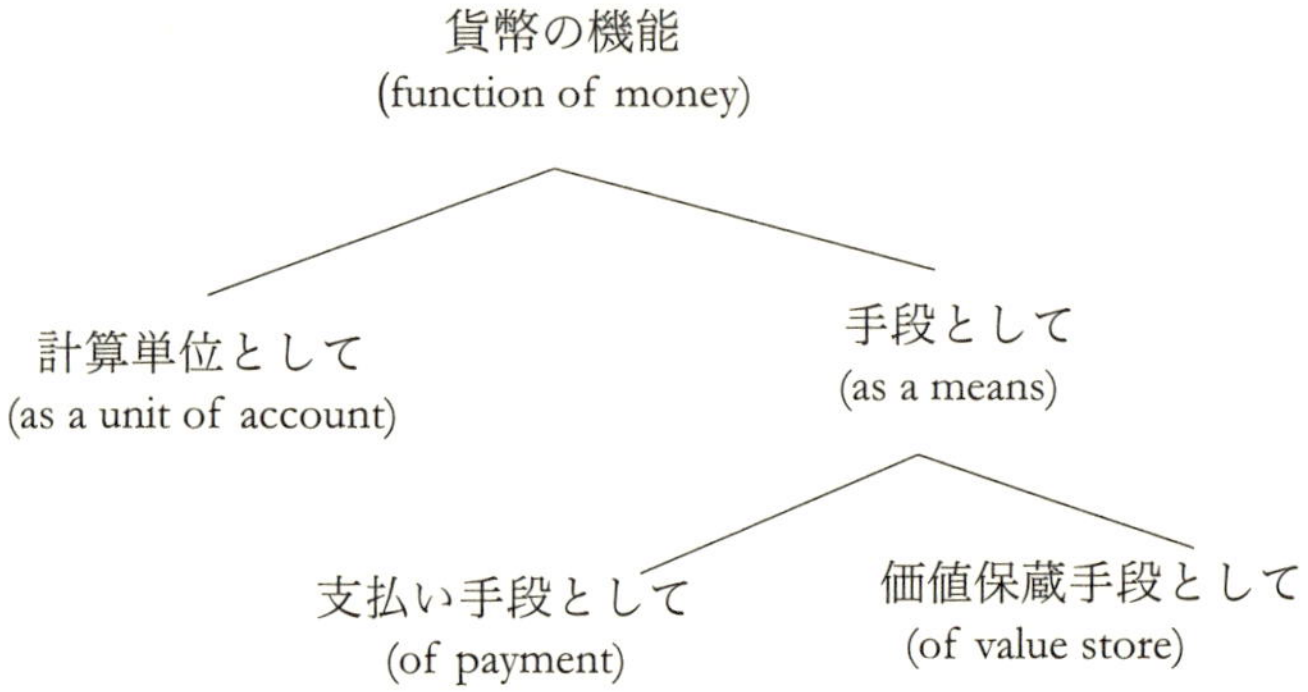


**図 3-1　貨幣の機能**

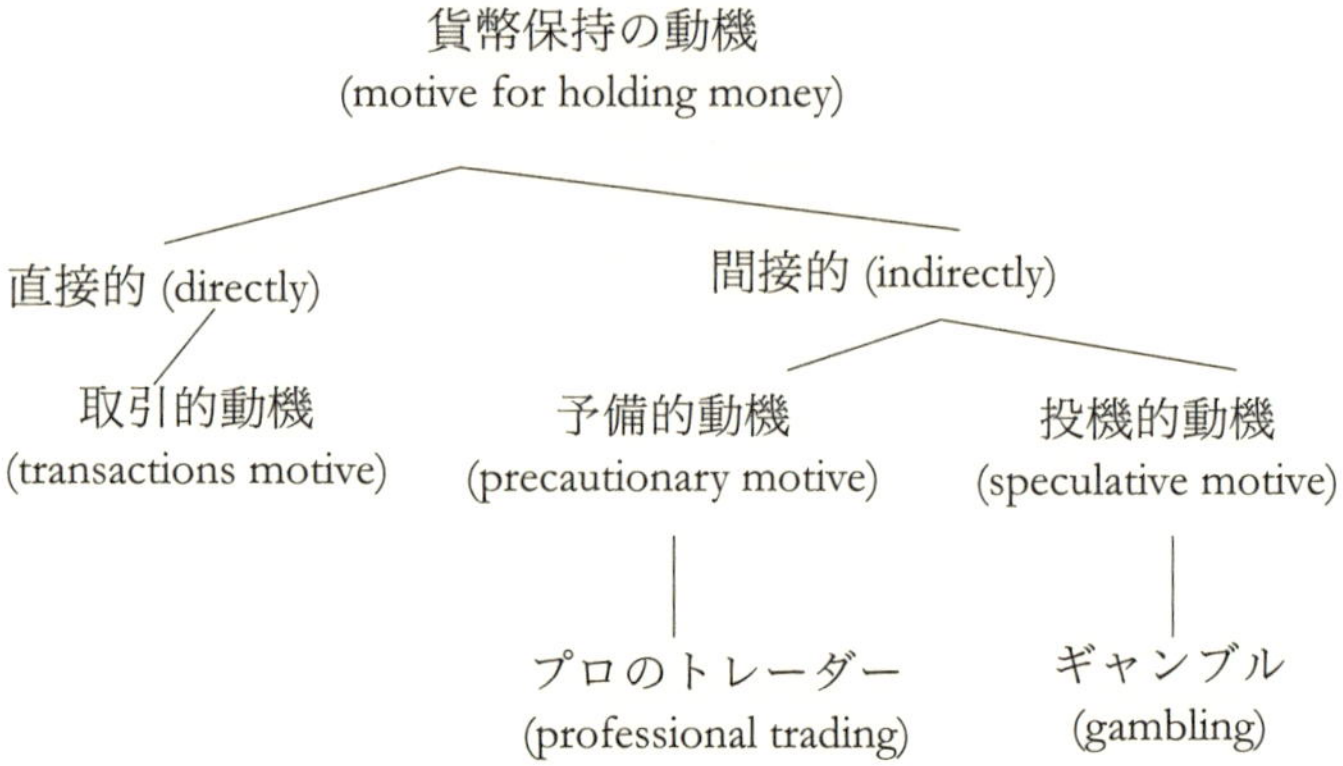


**図 3-2　貨幣保持の動機**

貨幣の保持について、その動機を言葉で説明してみることもできる。すなわち、①財を得る取引のため（取引的動機）、②不測の事態に予め備えるため（予備的動機）、そして③投機のため（投機的動機）という三水準である（**図３－２**）[37]。このケインズの貨幣保持をめぐる動機三類型は、先述のとおりシュッツが提示した目的動機と理由動機の形式になっている[38]。

財の取引における決済という行為は、その時点での決定であり同時世界の出来事であるが、予備的動機と投機的動機は時間性を帯びている。決済までの未来完了時制の時間軸が形成され、その行為プロセスについて、言語による説明を可能にする性質もある。「子どもの大学の授業料のために貯金をする」「万一、病気になり仕事ができなくなったときに家族が生活できるための貯えとする」などの動機説明が可能である。

貨幣は、取引決済という、今ここでの取引手段であり、そこでの計算単位となり、媒体「貨幣」が、現在の売り手と買い手を媒介するが、これとは別に、貨幣は、今・現在を、将来に起こりうる出来事に結びつけていくことも可能にする媒体である。

貨幣という媒体が、ある時間にわたって、人（たち）および組織・機関の存続を担保するということである。そして、この担保がさらに何により担保されているか、あるいはなぜにその担保が可能かを問うと、権力という媒体を考慮することにもなる。

興味深いことに、ハーバマスは、貨幣にあるこの担保の合理性と経験性とを、金《ゴールド》に求めている。というのも、このハーバマスによるパーソンズ論が書かれた一九七九年は、歴史経験的にも一九七一年のドルと金との一時交換停止が、すでに恒久性を帯びており、変動相場制が完全に稼働していた時代だからである。

合理性ということで言えば、そもそも金本位制というのも、あるいは金貨本位制というのも、それら自体、金あるいは金貨を基礎とするという規則、すなわち法を制定し、この制度を維持するには政治権力の行使が前提となる。紀元前六世紀リュディアにおける歴史上最初の打刻金貨も、クロイソス王の印を打刻することから始まっており、これは象徴化と文書化の原型である。第二次世界大戦後のドルと金との兌換関係を決めたブレトン＝ウッズ体制も、続くスミソニアン体制も、そして変動相場制も、国際的な約束にもとづいた制度である。

断っておくが、私はここで貨幣法定説[39]を支持しようというのではない。ただし、貨幣に内在している時間性という担保は、さらに何かに遡及せねばならず、それは経験的には、その都度の歴史的体制、制度であり、その合理的前提は、法制度が存在し、それを維持するために政治権力が行使されるということにある。

次に述べるように、貨幣に内在する時間性が、銀行（金融機関）という特異な活動を可能にし、それが人間の商業活動のみならず、言うところの資本主義生産様式を展開していく際の軸となるわけだが、これも同時に法制度とそれに基づいた権力行使と表裏一体となっていることを再認しておかねばならない。

## 4. 銀行という特異存在

経済活動の担い手は、個人、世帯、そして企業、団体などの法人、さらに地方公共団体、日本政府のみならず、外国政府も含めた国家をも含めて考えることができる。

「社会学」は、ウェーバーの定義に従い、社会的行為をその学の研究対象とするとしてきた[40]。そしてその社会的行為は、それをする担い手が想定されている。その担い手が、いつも個人（たち）であるとは限らないということである。集団や法人、さらに国家そのものが、社会的行為の担い手となることもある[41]。

こうした前提は、さらに「〔主観的に抱かれた〕意味をそなえた人間の行為につき、思考を凝らして、その究極の要素を抽出しようとすると、どんな場合にもまず、そうした行為が〈目的〉と〈手段〉のカテゴリーに結びついていることがわかる。われわれがあるものを具体的に意欲するのは、そのもの自体の価値のためか、それとも究極において意欲されたもの〔の実現〕に役立つ手段としてか、どちらかである」[42]ということから、担い手とそれが抱く目的、そしてそれを実現するための手段という配置関係で、「〜のために…を用いてする」というふうに、行為を目的と手段を考えて説明しようとすることになる。担い手、すなわち個人（たち）、世帯、企業、団体、そして国家は、目的を抱き、そのための手段を選択し行為、すなわち経済活動を遂行しているというのである。

経済活動という、貨幣を媒介にした諸行為の状況を形成する布置連関という観点から眺めると、担い手は、この連関していく体験と行為ごとに、その都度、捉えられ、現れ出てくる、人(たち)、あるいはその派生や延長である機関や組織ということになる。そこにおいては、そうした担い手が、あたかも自らの意志でもって自立存在しているということではない。貨幣を媒体にして連関している諸々の行為と体験ごとに考えることができる帰属点に、その瞬間の担い手として浮かび出て析出し、また消失していく人、あるいはその派生や延長というほうが適切に表現されていると言えよう[43]。人間は、それほど「自身」の意志などというものを最終根拠にすることは難しい。

そのように現出する担い手たち、すなわち人、世帯、企業、団体、国家などであるが、そうした経済のプレーヤーたちの中で、「経済システム」という点で、特異な担い手を確認することができる。銀行(金融機関)という帰属主体である。日本銀行も含めて、銀行は民間企業であり、組織であり団体であり、そういう点で行為の主体となるのは当然であるが、いわゆる一般の企業というのとは根本的に違った特異な活動が帰属する主体であることを知らなければならない。

われわれが通常知っている「銀行」という担い手は、預金と貸出という業務を遂行している組織である。より根源的には、預金という現金に対して、通帳という証券を発行する、一種の為替交換業務ということになる。特異だというのは、どの業務も、貨幣そのものを用いて貨幣を得るところにある[44]。そこにおいては、農作物や工業製品、あるいは労働、サービスが、貨幣と交換されるのではない。したがって、預金というのも、金銭を保管するサービス業とは、まったく違うということである。

すなわち、ある銀行が産出する財が、財としてその希少性を発揮するのは、交換業務、預金業務、貸出業務について、その仕事、すなわちサービスが親切で丁寧かどうかということではない。ある通貨を他の通貨に交換する手数料、ある一定のお金を預けるために必要となる費用、ある一定のお金を借りるための手数料ということではない。それらではなく、貨幣そのものに内在している時間性が、希少性を発揮するところに本質的な事柄がある。

入国に際して、その国の通貨に交換をするのは、手数料が安いからではなく、持って来た自国の通貨を、たいていの場合、そのまま使うことができないからであるし、預金をするのは無料だからするのではないし、借り入れも、今の必要がそうさせるのである。

これら交換、預金、貸出という業務の特質は、製造業者が商品を生産し、それを販売するのとは違う位相にある。すなわち、他の商業活動と根本的に異なっているのは、貨幣そのもので貨幣を産出していくということにある。

銀行は、主要には貨幣の預入と貸出とで成り立っている。預金は、そのまま金庫に保管されるということではなく、それは他に貸し出され、貸し出された先で生産に供され財・サービスとなり、それにより得られた利益が加わり返済されることで、あるいはそこからさらに貸し出されることで、さらに生み出された利益を加えて返済されることで、預金者に、利息という形で、その利益の一部が預金に付け加えられ、預金が利子を生むプロセスが重要である。

ただし、預託されたお金をすべて投資運用することは、悪徳金貸し屋の場合にはありうるが、当然、時々の預金引出にも対応せねばならないから、銀行は、その預金総額をそのまますべて投資運用にあてることはない。預金の一定割合を、引出準備金として保持するのがリスク回避のために一般的なはずである。

わかりやすくするために、例えばA銀行が、現在の預金総額の五パーセントにあたる大きな預金を新たに現金で獲得したとしよう。そしてこの銀行の預金引出準備金が、預金総額の一〇パーセントと想定されているとするなら、今回新たに五パーセントも預金を得たことにより、手持ちの現金が増えたことになる。すなわち、(五パーセント増加分＋一〇パーセント準備金)÷増加後の全体×一〇〇[45]ということになる。現金で保有している割合が一四・三パーセントまで上昇したことになる。結果、A銀行は、一四・三パーセントから一〇パーセントを引いた四・三パーセント分を、さらに貸し出す余力が生まれたことになる。ここでは、「仮に」ということで、準備金を一〇パーセントとしたが[46]、これは預金された金額の九〇パーセントを貸出すことができるということでもある。この九〇パーセント分を、さらに別の銀行Bに貸し出すとしたなら、その銀行Bは、その借り入れた分から、やはり九〇パーセントを貸し出すことができる。こうした銀行の連鎖が無限に続いていくとしたら、$0.9 + (0.9)^2 + (0.9)^3 + (0.9)^4 + \cdots + (0.9)^n$ということになり、この極限値は、九となる[47]。すなわち、元の預金額の九倍まで貸し付けることが理論上可能になるということである。こうした信用の連鎖を可能にしていくことが、貨幣により貨幣を産出するという特異な担い手である銀行に備わった、信用増殖というさらに特異な機能である。

ただし、銀行だけが連鎖していくのは、あまりに非現実である。例えば、こういう場合も考えてみることができるはずである。最初の銀行Aから、ある製造業者Cが原材料購入のために一億円借り入れをしたとしよう。

この製造業者Cが、従業員に給与を支払うために銀行Aから一億円を調達したとするなら、それは現金であり、そして給与として支払われ、それぞれ社員の生活のために費消されることになるが、原材料購入ということであれば、約束手形や小切手が振り出される。小切手、手形は、この業者Cから、原材料卸業者Dに原材料の費用として渡ることになる。この時の有価証券の移動は、現金そのものの移動とは違う。証券という貨幣から派生した証書が、媒体である貨幣が媒介するはずの連鎖を代替して連鎖しているのである。この連鎖は、紙で出来た、いわゆる古典的な小切手や手形のみならず、現代の電子情報となっても原理的には同じである。

銀行Aから、製造業者Cの口座にその金額にあたる電子情報が伝達され、そこから次に卸業者D

の口座に、やはり金額にあたる電子情報が伝達される。その度ごとに、現金を鞄に入れて持ち運びしているわけではない。

こうした信用連鎖が可能となるのは、この証書に対して、あるいはこの電子情報に対して、銀行Aが現金と交換できることを担保しているからである。そして何よりも、製造業者Cが、仕入れた原材料で生産した商品を予定通り販売して、借り入れた以上の収益を得て、借り入れ金を銀行Aに利息をつけて返し、かつ卸売業者Dは、銀行Aに行き手形や小切手を現金に換えることができるからである。

これが可能となるのは、媒体「貨幣」が時間性を内在しているからであり、そこから派生する有価証券もそれを内在し続けるからである。取引が、発注↓納品↓決済という未来完了の時系列に、貨幣の時間性が対応することができるからである。

それだから、銀行をはじめ金融機関は、銀行法や出資法という法律により厳しく観察され制御されることになる。だから、銀行の預金引出準備金や、その法人の自己資本率は、内国のみならず、国際的にも強く取り決めがなされることになる。また、融資する際の金利についても、国内法の出資法や利息制限法により制御されるようになっている。一方で経済活動の自由主義が唱えられながら、他方で政府が関わらない形の自由主義経済は存在しえないということでもある。

## 5．システム統治という裁量主義

銀行にあるこうした信用増殖機能が、経済社会を可能にしていく。媒体「貨幣」が、行為と体験を媒介連鎖して行為状況を構成し、経済システムが生成されるのだが、信用増殖が機能する帰属点に銀行が析出する。言うなればそうした帰属点に、銀行がそれとしてその存在を確認される。重要な点は、預け入れから引き出すまでの時間が信用増殖のプロセスということである。預金者は、いつでも引き出すことができるが、引き出さずに置いておき、将来に備える予備的動機に依拠している。

銀行は、この預託された現金を担保に、通帳、手形、小切手、電子通貨を発行する。これら貨幣派生体が、時間性を備えた信用関係を形成する。ただし、中央銀行と普通銀行（都市銀行、地方銀行など預金取扱機関）との関係は、銀行でありながら、前者は、通貨発行権限を独占することが許容されている。イングランド銀行の成立に代表されるように[48]、近代ナショナリズムの制度であり、国定通貨により、富国強兵のための軍隊と官僚制による国家社会が成り立つということに通じる。

先述のハーバマスの議論では、この通貨は、金《ゴールド》により担保されるとあった[49]。第二次世界大戦後、一九七一年のニクソン・ショックまで、ブレトン＝ウッズ体制として、米ドルと金の交換レートが決められ、加えて米ドルと諸国の通貨のレートが固定されるという時代はそうであった。一九七三年以降、変動相場制に基づき、諸国間の生産、消費、貿易など経済諸力間の関係で、為替相場は時とともに変動し続け、それが各国通貨の基礎となった。

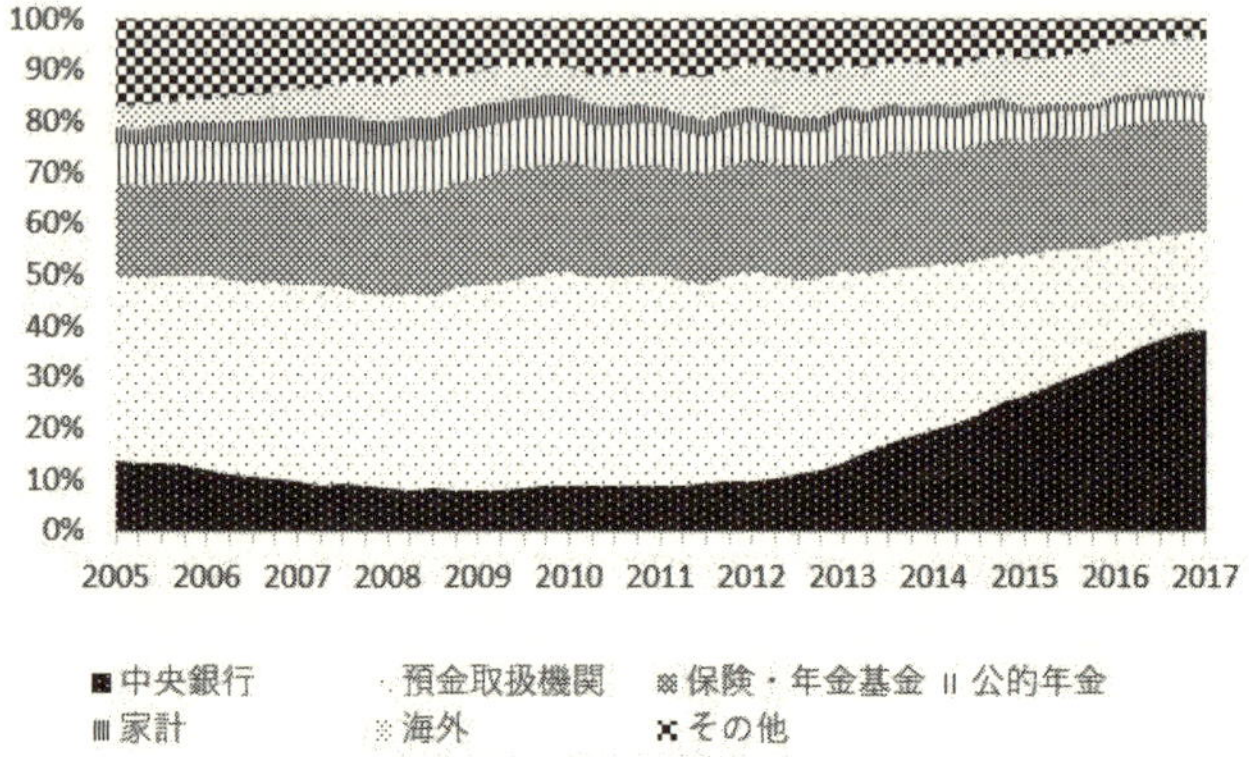


**図 3–3　国債保有者推移**
※日本銀行『資金循環統計』から筆者がグラフ化した。

高度経済成長期や、一九八九年から九〇年にかけてのバブル期のように、景気が拡大し、輸出が好調で貿易収支が黒字で民間企業がさらに積極的に設備投資することができる場合には、円は強くなる。しかしながら、一九九二年バブル崩壊後、平成不況、金融恐慌期において、有効需要が不足しさらに企業活動が低調になっていった時には、景気回復をめざして需要創出のために公共投資がなされ続けた。

そうした有効需要創出のために政府が発行する国債は、一種の貨幣派生体である。これが貨幣派生体として機能するには、これが現金、すなわち流動性に富んだ交換価値があると思われるもので購入される必要がある。**図3–3**にあるように、国債の保有主体は、日本では特徴的に、日本の金融機関であり続けてきた。これが可能となるのは、銀行をはじめ金融機関が、豊富な預貯金を保有していたからである。構造をわかりやすく見るなら、政府が発行する国債は、日本の国民と企業が、彼らの貯えで買い支えてきたということになる。

しかしながら、この関係は、二〇一二年末「アベノミクス」以来、大きく変化していった。通貨を発行する中央銀行である日本銀行が、国債を多く保有する時代に入った。これは、企業家による民間の関心ではなく、政権の政策によりなされた。すなわち、公共の利益のために仕事するとされる人々によってなされた[50]。

民間銀行から日本銀行が、国債を限度なく買い取るというのは、政府の保証する国債を保有していれば、それに金利がついて償還されるのを待つという銀行の姿勢を変え、積極的に投資をしていくことを期待してのことであろう。国民全体の貯蓄率は下がり続けているが、預金総額は上昇している（**図２－４a**および**４b**）[51]。団塊世代が定年を迎え、退職金により銀行預金が増加しているということという要素もあろうが（**表２－２**）[52]、企業も将来に向けた設備投資することに慎重だということでもある。

国債の保有者に占める中央銀行の割合が大きくなっていっているのは、中央銀行、そして政府の決定ではあるが、アベノミクスという政策決定であり、それは政権を取り巻く専門家、御用学者たちの見立てでもあり、形の上では、そこでの専門家たちの「討議」に基づいた決定ということになる。ハーバマスの社会統合は討議と合意に支えられるという哲学であるが、それとは異なり、パースやポパーに遡る科学者共同体による決定ということになろう。これは、社会統合をめぐる人々の

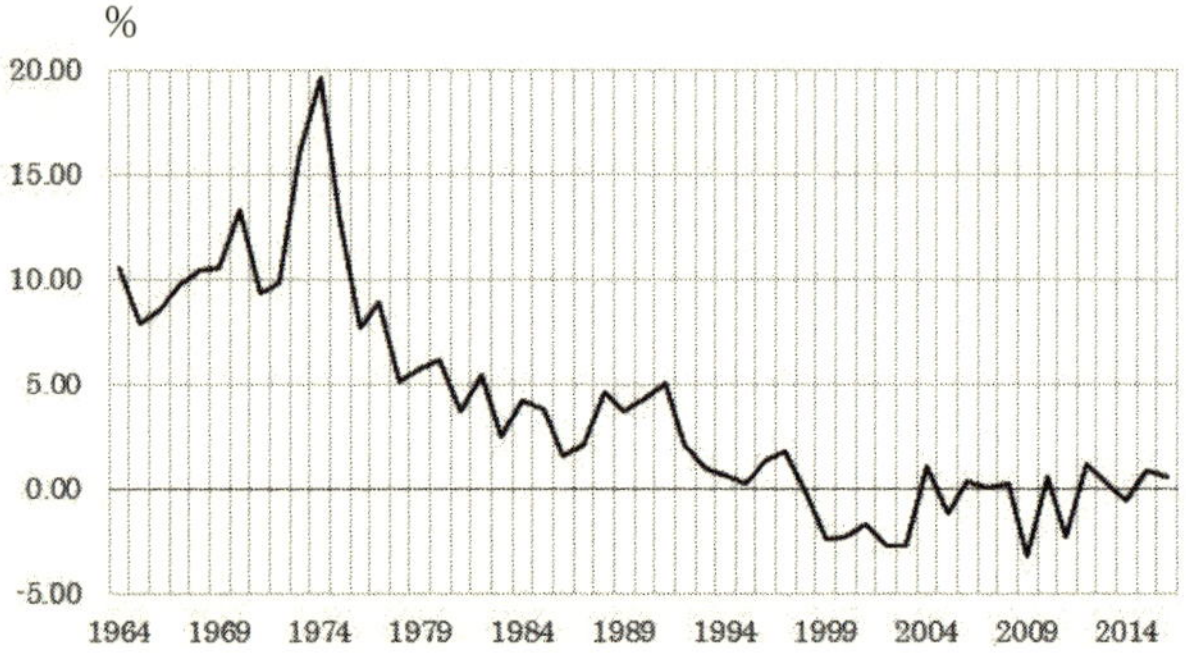


**図 3-4 可処分所得　対前年増減率**

※総務省統計局『家計調査―1 世帯当たり年平均 1 ヶ月間の収入と支出―二人以上の世帯のうち勤労者世帯（昭和 38 年～平成 28 年）』から筆者が作成。

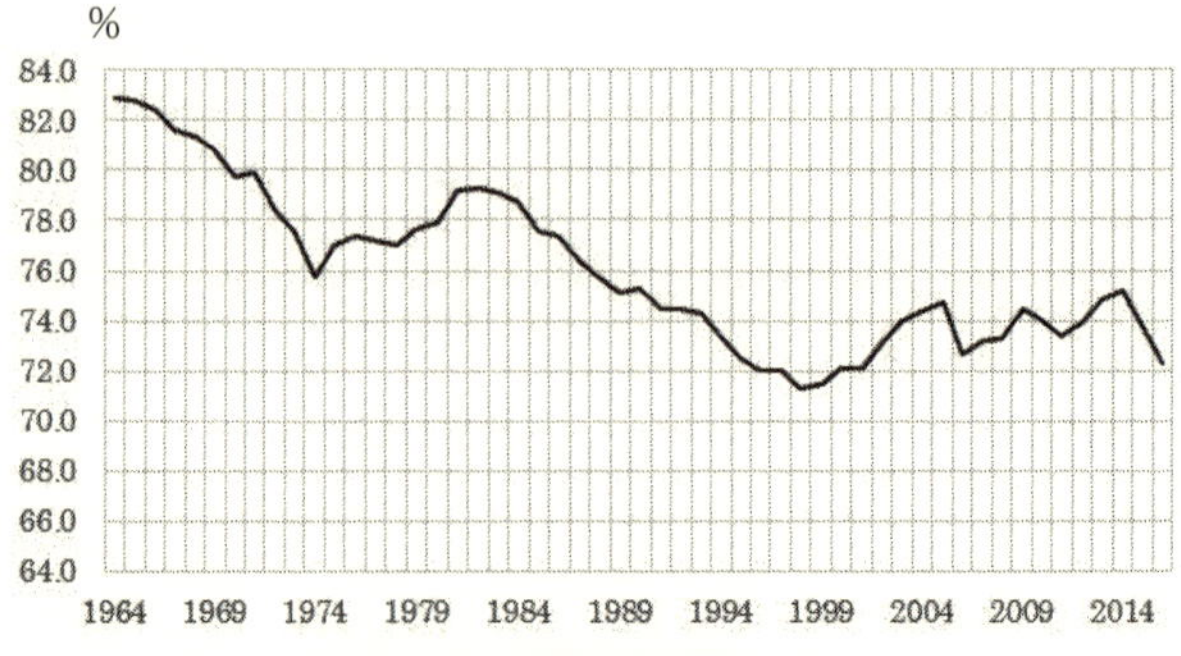


**図 3-5 消費性向推移**

※総務省統計局『家計調査―1 世帯当たり年平均 1 ヶ月の収入と支出―二人以上の世帯のうち勤労者世帯(昭和 38 年～平成 28 年)』から筆者が作成。

討議ということなのか、システム統合のための「専門家たち」の「決断」ということなのかという問題である。

可処分所得（図3－4）は、二〇一二年以降、消費税の影響による二〇一四年を除き対前年比増加しているが、消費性向（図3－5）は、二〇一四年を除き対前年比減少している。二〇一四年の可処分所得の減少が、かえって消費性向を数字の上で引き上げているということは、可処分所得が増加しても、人々は、それをただちに消費にはあてないということである。貨幣の価値保蔵動機が働いているということである。かつて二〇世紀後半の高度経済成長期の終わり頃と比べてみると、可処分所得の増加は限られ、消費性向は逓減し続けていることがわかる。これは、将来に対して漠然とした不安があるということでもある。

戦後復興とそれに続く一九五三年から一九七三年までの高度経済成長期は、欧米の成功例を模倣しながら、それを実現するために同種の設備投資を着実に実行していく後追いプロセスでもあった。郵便局での貯金と簡易保険で集めた国民の貯金が、大蔵省資金運用部に集められ、財政投融資として、公共事業に投下されていった。特別な法制度のもと長期信用銀行という銀行を機能させ、そこが発行する金融債を、財政投融資で購入。長期信用銀行三行（日本興業銀行、日本長期信用銀行、日本債券信用銀行）は、それによって得た資金を、当時の都市銀行では不可能であった、日本の経済発展のための重化学工業を担っていく重要な民間企業の巨大な資本整備、設備投資に、やはり財政投融資で支えられた政府系の日本輸出入銀行、日本開発銀行とともに、長期にわたって貸し付け、戦後復興から高度経済成長へと、日本の経済社会システムを計画設計していくことを可能にした[53]。

こうした国家社会のシステム設計とともに、政府による住宅金融公庫を軸に、民間の住宅金融専門会社と、都市銀行、地方銀行などの金融機関が、日本人とその家族の生活時空を設計していくための金融に寄与した[54]。

住宅は、工業化を進める企業にとっての設備投資と同様に、その企業で働くサラリーマンの生活の場を安定させるために不可欠である。マンションの場合にも、戸建て住宅の場合にも、国民の多くには一生一度の大きな買い物であり、通常の場合、現金即金で購入することはない。住宅ローンは、そのための金融商品である。

住宅ローンは、その時点では、購入費用総額を現金で支払うことができないが、一〇年、二〇年、場合によっては三〇年を越える期間を定めて分割であれば、それを購入できる人に、必要費用に利子を付けて貸し出す商品である。

借り手の年齢、職業、収入など属性を調査し、一定期間、この借り手がどれだけ返済できるかどうかについて確率計算して貸し出すことになる。その期間中、時点ごとに推定して捉えられるその人の返済遂行能力と、貸し倒れとなるリスクを確率計算しているのである。給与および賞与、借り入れ時点での負債、勤務先とその状態、健康状態など詳細にわたって調べ、期間内に返済が可能であるかを判定する。

借金でありその返済満了とは、当初借り入れた金額に、借入期間中の金利を加えて返済を完了することだが、高度経済成長期のように社会経済状況が良好で、終身雇用、年功序列賃金を前提にした経済社会であれば、住宅ローンが、住宅取得のために最適の方法であったことは言うまでもない。

これは、借り入れる側のみならず、貸し出す、銀行や住宅専門金融会社のような金融機関の場合にも言えることである。高度経済成長のもと終身雇用と年功序列賃金とにより、住宅ローンは、貸し手にも借り手にも、確実に利益を見込むことのできる商品であったということができる。

バブル崩壊まで、日本の土地価格が一般に上昇し続けたことにより、金融機関には土地は確実な担保となり、借り入れ側にも、ローンを完済した後、借り入れ購入時よりも価値を増加させた資産として土地が残ることになった。それゆえにローンには金利負担がありながらも、得をする買い物だとも言うことができた。

典型的には、年功序列賃金制度のもと、加齢とともに給与が増え、勤め先の企業が、高度経済成長により大きく安定し、経済成長とともに物価が上昇し、土地価格が、購入価格よりも上昇していった結果、ローンの金利分は、最終的には相殺されていくということにもなったということである。

社宅を離れ、新築の自宅に喜びつつも住宅ローン返済を果たせるかどうか不安を抱く三〇代前半のサラリーマンである「私」は、高度経済成長期、給与が安定して増えていくことで、子どもの教育費にも対応できる「私」となり、ローン完済時、自宅土地価格が取得時よりも高値で売却をすることができ、喜ぶ「私」になることができた時代があった。これが、バブル崩壊後、企業の経営環境が悪くなりリストラに遭遇し給与を削減され、あるいは職を失い路頭に迷う「私」にもなった。

媒体「貨幣」によって媒介され時系列上に現れ出てくる「私」は複数ありうるが、その「私」は、マイホームを手に入れる「ために」働き、マイホームが手に入る「から」住宅ローンを組むという、目的動機を抱き、土地価格は日本では下がることがない「から」という理由動機に基づいた、その時代の確信に依拠することができた。この時代の行為者の視線は、未来に向いた長期の期待構造に支えられていた。こうした長期の期待構造を、現在、実は若い世代も持つことが難しくなっている[55]。

二〇世紀後半、バブル期以降、日本の経済社会においてもクレジットカードが広範に普及していくことになった。これも、貨幣を媒体にした時間性を帯びたこの布置連関を形成していくが、そのタイムスパンは住宅ローンよりもはるかに短くなる。クレジットカードは、例えばSuicaのような電子マネー、すなわち円のような通貨が電子情報として収納される電子財布であり、交換手段として貨幣を使用するのとは違う。

クレジットカードにより、例えば本を購入するというのは、クレジットカードをつうじて電子化された貨幣が支払われるということではなく、このクレジットカードを運営している信用販売会社が、購入者に代わって支払いをするということである。書店は、この信販会社から本の代金を受け取ることになり、購入者は、後日、その代金を信販会社に返済するという関係になっている。現在では、その人の銀行口座から、信販会社に支払われることになる。この当事者間の貸借関係を、カードをつうじて、信販会社が管理しているということである。

一九五〇年代、クレジットカードが、アメリカ、カリフォルニア州フレズノで実験的に始められたのは、食料品、日用品を小売店舗において信用で購入し、月末に決済するという慣行にそもそもは基づいていたところもある[56]。このために、小売り店はそれぞれ、顧客との貸借記録を整理し、毎月請求、徴収確認作業をする事務員を雇うことになるが、この仕事を商業銀行、そのもとにある信用販売会社が代行するというサービスに由来していた。

一九五〇年代、電話が普及したアメリカで可能となったサービスであるが、電話による確認から電子データのコンピュータ処理、インターネットテクノロジーへと進化していく過程で、クレジットカードという商品そのものの機能も進化していくことになる。小売店での物品購入のために利用するだけに限らず、現金自動払い機をつうじてのキャッシングという貸し付けにより、借り入れも可能となり、さらに取引金額について、前月分の一括返済ではなく、リボルビング払いも可能となっていく。

こうした水準への技術進化とカード自体の商品展開は、具体的商品の購入ということではなく、カードを媒介して貸借するという時間関係を、今一度、カードにより時間化する関係となっており、信用取引における貸借関係を、金利の付いた一種の猶予により、さらに引き延ばす関係となっていく。

これは、マイホームという、返済完了後に残る可能性もある資産取得の場合とは大いに異なり、すでに費消してしまった物品の費用についても、「今は返せないから」当座の借金をさらに先送りするということであり、未来への視線は、過ぎ去った過去に引きずられ続けることになる。

クレジットカードでのリボ払いが、銀行など金融機関の窓口での言語を介した対面コミュニケーションでなされるのではなく、スマートフォンやPCを介して、一種の疑似P2Pの関係で、指示メッセージと確認メッセージへのタッチパネルでの応答でなされることにより、「貸借」という主題についての吟味や解釈は、極限まで単純化されていく。

こうした単純化は、多様なヴァリエーションのある特殊詐欺とも無関係ではない。「オレオレ詐欺」は、かつてあった親子という家族関係への郷愁に依拠しようとする残滓がまだ残っていたが、「振込詐欺」という表現に変わるのは、親子関係、家族関係、親族関係などは、すでに揮発してしまい、「還付金」のように、後期高齢者医療保険や介護保険の高額療養費、高額介護費などの還付が連続していく社会制度の暗部をよく表現している。医療保険の場合も、介護保険の場合も、本人負担の原則を確認させるために、まずは保険料を納入し、高額負担分については、後日になって「還付」するという制度であり、たいへん皮肉なことに、高齢者が、度々、金融機関と接触する状態を作り出すことになっているのである。

厳格に窓口で本人確認をするようにしたとしても、すでに現金自動支払機に一定程度馴致されてしまうと、またスマートフォンのコミュニケーションに一定程度馴致されてしまうと、「還付」「支払」「申し込み」などのトピックだけに動かされる「人」が出現し続け、その「人（たち）」を母集団に、偽計にかかる「人（たち）」を確率計算して詐欺を組織化する「人でなし」の専門家集団が「企業」していくリスクを、ＩＴ化した現代の経済社会はつねに持ち続けることになる。

六五歳以上の高齢者が、三割に達する市町村では、その市外局番で、平日の日中、固定電話に出る「人（たち）」について、その偽計に取り込まれる確率を計算して、特殊詐欺を組織化することは難しいことではなく、かつその電話のかけ手（「ベシャリ」）、現金の受け手（「小鳥」「ダシ子」「受け子」）は、若く自らも多重負債で身動きができなくなり、その返済のために「働く」人たちである。そうした悪徳ビジネスが出来上がるのである[57]。

物質的な豊かさ、とりわけアメリカ的生活を、草創期のテレビで見て、これを目ざした日本人は加齢を重ね、物質的な飽和を顧みず、百歳まで生きてしまうのではないかという長寿リスクに怯え、長期の不安を抱きながら、短期の決定の連続に憔悴《しょうすい》していくのである。

それは、今やＧＤＰ六〇〇兆というような精神論となった経済政策についても言えるし、本当は単純だが複雑な制度、本当は複雑だが簡単な機器に振り回され「トピック」のヴァリエーションだけが残る経済社会の末路ということでもある。生活世界は、一九七〇年代には行政と経済のシステムに植民地化されることに戦ったが、二一世紀には、日本人という生物有機体であるシステムの加齢により、長期的な期待をしていくコンテクストを失ってしまい、次々になされ続けていく裁量主義のトピックだけが残るようになってしまったのである。

## 三、仮想時空の自由化と再封建化

### 1．ハイエク「貨幣発行自由化論」の先見性

一九七四年のノーベル経済学賞受賞者フリードリヒ・フォン・ハイエクは、一九七六年『貨幣の脱ネーション化　―競合貨幣の理論と実践の分析』[58]と題する小冊子の論文を発表する[59]。一九七一年「ニクソン・ショック」による金とドルの交換一時停止。一九七一年スミソニアン体制を経て一九七三年変動相場制へと移行していく時代に向けて、そしてこのアメリカ中心の世界経済体制の綻びに対してヨーロッパ共同体は、後にユーロとなる統一通貨の構想を始めていくが、ハイエクは、この構想に対しても、アンチテーゼを提出する。

「貨幣の脱ネーション化」という提案趣旨は、今も生きている独自なものである。具体的には、西ヨーロッパ諸国が、オーストリア、スウェーデン、スイスなど当時はまだヨーロッパ共同体の外側にあった中立諸国を巻き込み、さらにはアメリカ合衆国、カナダも含めて、参加各国が共同市場

を構成していく条約を相互に結び合い、この共同市場の領域全体にわたって、そこに参加する諸国内でそれぞれ合法的に設立された機関・団体であれば、銀行業務についても等しく遂行の自由を保証し、互いに何らの制約も設けないことを保証するようという構想であった。

ハイエクの提案は、概ね次の三つから成っている。

（一）世界の各地域において、意志ある者（たち）および組織が、それぞれ独自の通貨単位の貨幣を互いに競争して自由に発行できるようにし、それぞれ小切手口座についても個々の通貨の額面で自由に開設できるようにすること。さらに、それぞれの銀行の銀行券および小切手の発行に限らず、補助貨幣としての鋳貨製造も許容すること。

すなわち、通貨を発行する銀行を自由に設立できるようにしようということである。一九世紀後半、国民国家化の進行により、民間銀行による発券自由が、中央銀行の独占へと法制化され、各種の銀行の発券自由機能は剥奪され、これ以外の預金、貸出業務も政府の監視下に置かれた状態を撤廃し、自由に銀行を設立し、預金、貸出業務にとどまらず、発券機能も回復しようという提案である。

（二）それぞれに発行される紙幣の価値は、これに対応する商品等価物に依拠させ、それを価値基準とする。これの意図は、現存国民国家の領域を超え出た広範な領域にわたって、人々がそれぞれぞれの貨幣価値を一定に保っていく方法である。諸商品の卸売価格のセットを基準として、すなわちそれぞれ当該発行貨幣の基本単位を、それぞれ独自に、複数の諸商品の卸売価格からなる平均、合計値などを基準として、指数化して基準を設定しようというものである。

例えば小麦、米、トウモロコシなど主要穀物のような、一定期間、安定的で大多数の人々が生活に必需とする諸商品のポートフォリオを組み、これら諸商品に基づいた安定した基準を設定し、発行する通貨の基準に据えようというものである。

原理上は商品貨幣説に依拠するが、現物諸商品そのものを準備金として現物保持するのではなく、卸売価格の数値を利用したインデックスを基準とした貨幣を考えている。その際、貨幣発行者それぞれが、自前の貨幣基準とするための諸商品からなるセットの構成は独自に指定、それを公表し、その通貨の特色を表現し、必要に応じてその構成内容を変化させていくことも可能とする。

(三) 自由銀行それぞれによる独自通貨発行は、設立される自由銀行同士の競争を目的としている。商品の質を掲げて価格競争がなされる市場の自由主義原則を、経済システムを編成していく媒体「貨幣」そのものにも適用するという考えである。

発券銀行はそれぞれ独自の発行通貨の基準、すなわちそれぞれ独自の諸商品の卸売価格のセットで構成する価格インデックスを、社会に公表するとともに、それら諸通貨間に形成される為替市場における交換レートの公表、およびマスメディアなどによる観察、調査の結果が公表・公開されることで、発行される貨幣の質、とりわけ自由銀行それぞれの通貨発行量が、見えざる手により制御されるはずだと考えたのである

だから、実際の実力以上に、大量の自前通貨を発行すると、その貨幣価値が下がり、極端な場合には紙切れ同然となり、その銀行は為替市場から退場せねばならなくなる。ゆえに通貨発行者は、市場に示されるインデックスを頼りに、誠実に発行量を調整していくことになると考えたのである。通貨発行の基盤を、公共の利益のために仕事する人々によってなされる法定や国定に求めるのではなく、自由主義経済の理念に従い、通貨発行それ自体も、完全に自由市場のメカニズムに依拠させようという発想であった。

しかしながら、ノーベル経済学受賞者で最も有名な経済学者のひとりであるハイエク最晩年のこの斬新な提案は、その時代、現実の政治経済においては正当には評価されることがなかった[60]。

これに対して、一九九九年決済用仮想通貨として、二〇〇二年現実通貨として、ヨーロッパ統一通貨「ユーロ」が発効し、ヨーロッパ中央銀行が十全に機能することにより、統一した共同市場は実現した。しかし通貨ナショナリズムが、諸国家を越えた拡大国家ＥＵという点では、グローバル化したということにはなるが、ヨーロッパ共同体という超国家が誕生したという点では、国民国家主義が巨大化したということでしかなかったとも言える。

自由に設立される諸銀行の間で、それぞれの通貨が競争により成り立つというハイエクの独自の提案は、提案されただけに終わっていったようにも感じられた。しかしながら、ハイエクは、「独自通貨の紙幣および小切手発行とは別に、発券銀行は明らかに補助硬貨も供給せねばならないだろうし、好便な補助硬貨の利用可能性は、当該通貨が普及する際に重要な要素に当然なるだろう。（中略）今ひとつありうる展開は、現在の硬貨が、現金記録器や自動販売機で選別できるプラスチック製あるいは電子情報を記録した証票に取って代わられる」[61]ことを、すでにこの時、ハイエクは見透していたことである。

## 2．P2Pの本質

ハイエクは、一九九二年ドイツ、フライブルクで九二歳の生涯を閉じるが、この年は、インターネットが普及していく時代の幕開けでもあった。これ以後、現在までに電子情報の記録証票が、普遍的に広がっていくことになった。

インターネットは、ネットワーク間のネットワークということになろう。その始まりは、現在私たちがルーターとして知るものの原型とされるＩＭＰ（Interface Message Processor）を用いた、スタンフォード大学とカリフォルニア大学ロサンゼルス校それぞれの研究施設間のコンピュータネットワークだとされている。

コンピュータのネットワーク間のさらなるネットワークは、テレビ（あるいはラジオ）で知られてきた、それまでのネットワークとどう違うか。すなわち、マス・コミュニケーションとして言われる発信者1と不特定多数の受信者nから成る「1対n」の関係とは異なり、コンピュータがそれぞれ発信をするとともに、受信を行うという関係で、限界的には、ひとつのコンピュータがもうひとつのコンピュータという「一対一」の関係だけではなく、「n対n」の関係にまで展開されているということにある。

直観的には、こうした双方向の関係の関係からなる複合体が、「P2P（peer-to-peer）」ということにされる。「1対n」の関係が、発信者と不特定多数の受信者ということで、受動的な大衆社会がイメージされるのに対して、「n対n」の関係は、創造的な展開が予期されもし、そうであるのだが、どのようにP2Pの関係が可能であるのかは、問う必要がある。

パーソナル・コンピュータがインターネットで回線接続されている状態や、さらには現代においては、携帯電話ではなく、マイクロコンピュータでもあるスマートフォンで不特定多数が接続している関係について、それがどのようにP2Pと言ってよいのかという問いがある。というのも、そういう関係は、言い換えれば、サーバーとクライアントの関係であり、プロバイダーとコンシューマーの関係にほかならず、実は依然として1対nの関係にすぎないのではないかという疑問が残るからである。

こうした現在の状態に到達する前の歴史を辿ると、Napster や Gnutella として知られていたファイル交換あるいはファイル共有ソフトウェアが構成していくコンピュータネットワークがあった。しかしながら、Napster は特徴的だと考えられるが、「ハイブリッドＰ２Ｐ」と呼ばれ、ファイルおよびノードの情報を管理するために、中央サーバーが不可欠であった。「ハイブリッド」と呼ばれるのは、それゆえである。そして、ファイル共有により共有されるソフトウェアが、音楽ソフト、映像ソフト、ゲームソフトなどである場合には、それらの著作権の問題、あるいはアダルト映像による猥褻物陳列の問題など、不正なファイルが共有されることにより、中央サーバーが繰り返し、それらの違反で摘発を受けるという事件も起きることになった。

Gnutella や Winny は、「ピュアＰ２Ｐ」と呼ばれるように、この中央サーバーを必要としないファイル共有ネットワークであるが、不正ファイルを共有するという問題は残り続けることになるし、オープンネットワークに善意のエージェントだけがアクセスするかどうかはわからない。Winny の場合、このファイル共有ソフトを介して感染するコンピュータウィルスも流行するようになり、これにより感染したコンピュータ内の個人情報が流出していくという暴露ウィルス事故が頻発することにもなった。

一方で、Ｐ2Ｐ技術が存在し、他方で、この種の事故が存在し続けるということにより、ファイル共有が浸透していくことで中心が見えなくなる脱中心化が進行していくアプリケーションの技術革新が進行していきながらも、同時にそれぞれのネットワーク、それぞれのコンピュータを保護するためのファイアウォール技術も進化していくことにより、サーバーとクライアントの関係が残り続けることにもなった。すなわち「脱中心化は、ツールであるが、ゴールではない」[62]という本質問題に行き当たることになっていく。

ファイルの交換から、ファイルの共有が、ネットワーク間で自由に行うことができるということの重要性は、情報を電磁記録した証票を交換し共有するということに直結している。すなわち、交換媒体としての「貨幣」という問題の可能性である。電磁的に構成された仮想空間において、貨幣による取引交換が、どのように可能かという問題である。ネットワーク間の関係のネットワークがあり、その環境として市場がありうることで貨幣が機能することが可能となるが、貨幣の場合、使用した紙幣（硬貨）それ自体と同じ複製が可能だとしたら、それはすでに貨幣ではなくなってしまうことになる。

## 3．サトシ・ナカモトの革命理論

こうした問題は、ブロックチェーンと呼ばれる技術により解決されていく。サトシ・ナカモトを名乗る日本人と思わせる実在する人か組織かわからない、仮想空間に帰属点のある主体によるビットコインの宣言書には、こうある。「電子キャッシュの純粋Ｐ２Ｐのヴァージョンがあれば、一方の側から他方に金融機関を介さず直接に送るオンラインの支払いが可能となる」[63]。

ハイエクの貨幣発行自由化論は、犯罪集団でなければ誰でも貨幣を発行することができるという前提であった。言い換えれば、貨幣発行の国家独占を自由化するということであった。ビットコインは、この趣旨の壮大な試みであり、実現しつつあるとさえ言える。そして、ハイエクが見抜いていたとおり、電子証票を介してなされているのである。

そもそも、P2Pという状態は「市場《マーケット》」という、経済システムの環境を、このシステムと環境の狭間に析出し消失していく帰属主体（個人、組織、企業、団体、国家など）が、価格という数値変化だけで、その環境である市場変化を捉え、自分たちの行動を選択決定していくという状態と、原理的にはよく類似している。

興味深いのは、ファイル交換あるいはファイル共有の場合、複写による同一物の再製を生み出すことに目的があったが、貨幣の場合、証明書類の場合と同様に、これは許されない。支払いに紙幣の複写を使うことができれば、それは素晴らしいかもしれないが、ありえないことである。すなわち、取引交換をして、支払いして商品を受け取るとともに、その貨幣（紙幣、硬貨）は、売り手に渡ることになる。

P2Pの仮想時空において、発信した貨幣の電子情報と、受信した貨幣の電子情報が同じであり、かつその貨幣の所有者の情報が発信者から受信者に、まさに発信—受信と同時に、変更される必要がある。そして、根本的に重要な点は、この連接の妥当性を国家や銀行などの第三者が担保するのではなく、P2Pの仮想時空、より正確にはその仮想時空を形成している稼働中のコンピュータあるいはその端末に現出する人（miner）に求めようというのである。

これを実現するために、ナカモトは、（1）ダブル・スペンディングのチェック、（2）プルーフ・オブ・ワーク、（3）P2Pネットワーク、（4）インセンティブとしてまとめた。

発信者Aは、貨幣である電子情報（自らに渡ったところまでの取引情報記録）を自らの秘密鍵で封印し、自らの今ひとつの公開鍵とともに受信者に送る。それを受信者Bは、送られてきた電子情報をそれと一緒に送られてきた公開鍵で開き、発信者Aの発信情報と同じかどうかを確認して受取ることになる。

次に発信者となったBは、発信者Aとの取引記録も追加した電子情報を自らの秘密鍵で封印して、同様に受信者Cに自らの公開鍵と一緒に送る。受信者Cは、受け取った電子情報を一緒に送られてきた公開鍵で開き、発信者Bの発した発信情報と同じかどうかを確認して受け取る。

しかし、これだとファイル共有とほとんど変わらない。注意せねばならない要点は二つある。ひとつは、発信―受信、すなわち支払・取引の度に、それ以前の取引情報が追加されていかねばならないということだが、この情報はハッシュ関数という形でまとめられる。それを行うのは、このビットコインのP2Pネットワークに参加しているコンピュータでありその操作者、所有者ということになる。最も早く、かつ他よりも長い関数でまとめてつなげたところに、インセンティブとして褒賞のビットコインが与えられる。これが、P2Pネットワークへの参加インセンティブを高め、P2Pという仮想時空を存続させていくことにつながる。

さて、ビットコインは、P2P電子現金体系であるが、それは、果たして貨幣そのものだと言えるのかどうかという問いを向けることもできる。電子情報そのものであるが、秘密鍵は保持しておく必要があり、またビットコインそれぞれは、紙幣に番号が付されているように、固有の電子記録がそれぞれに残され、その記号番号を、場合によってはペーパープルーフとして紙に印刷して記録保存しておく必要があるとも言える。

貨幣が、「交換手段として」、そして「計算単位として」機能し、前者が、「支払い手段として」あるいは「価値保蔵手段」として機能することを思い返せば[64]、ビットコインも貨幣であり、次への一般性の高い接続可能性を担保している。この一般性の高い接続可能性を担保する機能があるゆえに、貨幣保持の動機を言葉で説明することができ、①財を得る取引のため、②不測の事態に予め備えるため、③投機のためという三水準の動機も可能となろう[65]。これらの点で、とりあえずは貨幣と考えて問題ないと考えてみることができるようにも見える。

ただし、P2Pという「匿名性」に委託することで、金融機関を介さず直接に送られるオンラインの支払いが可能となり、この点で、銀行を介しての送金業務はなくなっていくだろうと想像してみることもできる。しかしながら、これによって銀行機能そのものがなくなることはない。すなわち、特定の国家、政府、中央銀行などではなく、Ｐ２Ｐネットワークという「匿名性」に支えられる仮想通貨であっても、そこから派生する時間を内在化された有価証券や、価値の総量を圧縮された（電子化されているであろう）有価証券がなくなることはない。

このための銀行制度は、今、われわれが知っているような社屋、建物、窓口、ＡＴＭなどが存在し続けるかどうかはわからないが、Ｐ２Ｐという「匿名性」に特定の事由を伴って存在し続け、取引交換、価値保蔵、投機などの機能はあり続けるだろう。人が生きる限り、金融はあり続けるというのも確かなことである

## ４．仮想時空の再封建化――ＡＩ社会のエルフルト綱領

しかしながら、Ｐ２Ｐという「匿名性」と表現したが、匿名性が、どれだけ徹底できるかは不明だろう。紙幣に発行番号が打たれているように、仮想通貨も経歴をたどることができる。もちろんハッシュ関数として暗号化されているが、これはコンピュータの性能との関係でも将来的にも今のままかどうかは不明だろう。

とりわけ、はっきりしてきたことは、例えばビットコインの運用が始まった二〇〇九年には、相応のコンピュータによってもマイニングをすることができたが、今や高性能のそれでなければ不可

能となったことである。当然、このために必要な高性能のコンピュータを持つ余裕と能力のある人たち、あるいは組織、さらには国家が、専門特化したチームを編成していくとすると、これによるP2Pのネットワークはきわめて限られた世界だということにもなっていく。

錬金には、大きな元手が必要だということでもある。サーバー↓クライアントの統御関係はないといいながら、P2Pネットワークはすでに、コンピュータの性能が、このネットワークの統治能力を決定していく可能性があるということになる。銀行の本質的な業務のひとつである通貨発行は、一九世紀から二〇世紀をつうじて、ナショナリズムにより中央銀行というものをつうじて国家が独占してきた。これを仮想通貨が脱中心化する可能性があるようには見えるが、実は新たな中心化が進行していく可能性は十分にあろう。マルクス風に言えば、大資本への集中が激化していくとも言えるし、国家事業として、スーパーコンピュータの性能を競うことを知れば、実は、ナショナリズムの枠から出ることも難しい可能性もある。

(ア)「貨幣の機能」について

先述の図3-1に戻り、仮想通貨における貨幣の機能について考えてみるとするなら、先ず、計算単位として考えたとき、一ビットコインが、三千ドル（二〇一七年七月）にもなることを知ると、果たして、この仮想通貨が、計算単位としてありうるのかという疑問も出てこよう。

ハイエクの貨幣発行自由化論に立ち戻れば、ハイエクの着想の前提は、貨幣商品説であり、貨幣の価値基準は一定の諸商品のインデックスと考えられていた。しかしながら、ビットコインの現在の状況は、ドルや主要な国定通貨に対しての交換レートで、その価値が計られるということになっている。たしかに仮想空間上、一ビットコイン以下の単位も可能で、日常用品を購入することも可能であるが、現状は、この仮想通貨の知名度の拡大とともに、それが投機の対象となっているとも言える。その点では、計算単位としての機能は乏しく、手段として、それも価値保蔵手段として捉えられているというのが、現在であろう。

仮想通貨交換取引所という銀行にある為替交換の商売が繁盛するというのは、通貨自体が、貨幣の基本機能である取引交換よりも、有力法定通貨との交換により得られる利ざやに関心が向いているからだと考えられる。どういう形で、商品取引交換に十全に利用されるようになっていくかは、まだなお不確実である。

したがって、例えばMUFGコインのように、仮想通貨の技術は使用しているが、その通貨の信用保証は、東京三菱UFJ銀行が行う、言い換えれば、P2Pにすべて依存させるのではない仮想通貨を構想するアイデアもある。これの前提は、円という法定通貨と交換することが先ず前提にあり、これとの関係で、各国通貨との関係ができることになろう。これにより、送金と決済業務は、簡便化し、銀行の窓口業務、支店建物が、完全に電子化していくことには寄与していくだろうが、この場合には、法定通貨はそのまま残り続けることになる。

結果として言えることは、法定通貨を維持できる国力があるかどうかに、仮想通貨がどれだけ普及していくかが依存した関係になっているように見える。

## (イ)「貨幣の保持動機」について

保持動機という点について考えても、同様になろう。商取引のために、この仮想通貨を使用するという場合は、法定通貨の効力が薄い地域。例えば、ドル、ユーロ、円などの主要通貨から締め出されている地域。すなわち、国連決議に抵触して制裁を科されている国家や、テロ組織のように、仮想通貨をつうじて武器取引をするという類いの場合である。

したがって、法定通貨が優勢な時空においては、間接的な動機に偏り、予備的動機についても、将来の不安への対応としての貯蓄は、優勢な法定通貨に頼ることになるであろうから、投機的動機に限られることになるであろう。法定通貨についての不安、例えば国家財政に不安があり、為替相場において、自国通貨の将来価値に大きな不安が存在すると、富裕層を中心に、この仮想通貨を、予備的動機で保持する可能性はあろうが、これは基本的には、やはり富裕層による投機的動機として、自国通貨で、有価証券を購入する場合と同じように捉えられるものであろう。

## 四、民主政と国家神学

### 1．ベラー「市民宗教」――パーソンズ一九六〇年の分析

一九六一年一月二〇日のジョン・F・ケネディの大統領就任演説は、こう始まった。
「今日のこの日を、政党の勝利ではなく、自由を讃える機会として祝福しましょう。これは終わりと始まりの象徴であり、再生と変革の兆しです。なぜなら、私が先ほど皆さんと全能の神の前で誓った言葉は、われわれの父祖がおよそ一七五年前に定めた厳粛な誓いと同じものだからです」[66]。

そしてこう締めくくられている。
「最後に、アメリカ市民の皆さんも世界市民の皆さんも、どうぞわれわれが皆さんに求めるのと同じ水準の熱意と犠牲をわれわれに求めてください。良心の喜びを唯一の確かな報酬とし、歴史がわれわれの行いに正しい審判を下してくれることを信じて、この愛する世界を導いていこうではありませんか。神の祝福とご加護を願いつつ、この地上で神の御業が真にわれわれのものになることを念じて」[67]。

この演説を素材に、ロバート・ベラーは、ルソー『社会契約論』第四編第八章「市民宗教につい

て」を新たに主題にした。すなわち、「ケネディ大統領はキリスト教徒である。もっと細かく言えばカトリック教徒である。したがって神への彼の一般的な言及が、彼がある特定の宗教へのコミットメントがないということではない」[68]と。

特定の宗教へのコミットメントというのは、日本人には少なからず違和感のあることのはずである。政教分離による神道指令を発したのがアメリカ進駐軍であったことを思い出せば、それにもかかわらず、アメリカ大統領が特定の宗教にコミットしているということは、「宗教」だと聞けば即座に何とも言えぬ忌避感を露わにする「普通の」日本人の感覚には違和感となるはずである。

「教会と国家の分離を考えるなら、ある大統領が〈神〉という言葉を使うことについて、いったいどう正当化されるか。教会と国家の分離は、政治領域への宗教的広がりを拒むものではなかった。人の宗教的信仰、礼拝、付き合いなどの諸事は、厳密に私事であるが、同時に宗教的志向という、確かな共通の諸要素はあって、アメリカ人の大多数が共有している」[69]とされる。

もっと一般化して言うなら、特定の宗派宗教の利益代弁を公共空間に持ち込んではならないが、しかしながら特定の宗派宗教を超えて、「信仰」ということそのことについては尊重する市民的宗教というものが、社会の基底に出来上がっているということである。

「市民宗教は、教会との熾烈な闘争なしに、国民的連帯という力強いシンボルを作り上げ、国民的目標獲得に向けて人の動機付けを深い水準で動員することができた」[70]。

それがケネディの就任演説にいう「神」だと言うことであり、ケネディ自身が信仰したカトリックのそれとはただちに同一ではないということになる。こうした帰結は、「政教分離原則、信教・表現の自由」を敢えて明確にした、一七九一年のアメリカ合衆国憲法修正第一条に代表されている。「連邦議会は、国教を樹立し、または宗教上の行為を自由に行なうことを禁止する法律、言論または出版の自由を制限する法律、ならびに人民が平穏に集会する権利、および苦情の処理を求めて政府に対し請願する権利を侵害する法律を制定してはならない」[71]。

憲法修正条項という形でフォーマルな水準での規定に対して、「インフォーマルな水準での顕著な革新は、〈宗派教派多元主義（denominational pluralism）〉と呼ぶのがよいだろう。すなわち、税控除という特権、教育慈善組織運営に通常関与していく特権を持ち続けてはきたが、政府の実的な援助を享受することは許容されることのない、競合する不特定多数の諸集合体、あるいは〈諸教会〉が、当該コミュニティにおいて平等で公的な諸権利を持ち、現前していることを受け入れてきた」[72]ということである。

競合する不特定多数の諸集合体（indefinite number of competing religious collectivities）とは、そもそも聖書に約された救済の諸条件を満たすことに共通の関心をもった信者たちによるアソシエーションということである。こうした教派の自発的結社が、ボランタリー・アソシエーションの原型であった。ウィリアム・ジェイムズの『宗教的経験の諸相』は、そういう実状を詳細に記述しようとしたものであり、その理論的分析の帰結は、下位宇宙の多元性ということであった。引用したパーソンズが論稿を書いた一九五〇年代初め頃は、まだそう言うことができた時代であった。

ジェイムズの下位宇宙の多元性や、ここから展開をはじめたシュッツによる多元的現実論への関心とは異なり、下位宇宙の多元性のリアルさを強調するということよりも、その多元性の存立を保証するものとしての政治があるということに、パーソンズの多元主義論の存在意義はある。そしてそれ以降、現在に至るまでの世俗化の進行をつうじ、それの結果として、ベラーがケネディの大統領就任演説を例にした、まさしく市民宗教の実現ということになったはずである。

「市民宗教の展開は、アメリカの文化および社会史の二つの重要なテーマが結びつく道だった。二つのひとつは伝統的な宗派教派の諸組織には公的な立場を認めないという普通の意味での世俗化であった。新しい社会は、宗教が私的な領域に追いやられていくひとつの世俗社会となった。地上に神の王国を建設するという、今ひとつのテーマもやはり重大である。新しいアメリカのネーション確立が、このプロセスの頂点であった」[73]。

ベラーが、まさに「アメリカの市民宗教」としたように、「アメリカ」というネーションの統合再確認ということが、市民宗教ということの本質にあり、それが「神」であり、「至高の存在（Supreme Being）」だということなのである。

こうした神と市民との配置状況は、「神州日本」の国家神道の場合とどう違うか。「市民宗教をめぐって、宗教批評家たちは、〈religion in general〉であるのか、〈アメリカン・ウェイ・オブ・ライフの宗教〉であるのか、〈アメリカの神道〉なのか、実際に論じつづけてきた」[74]事柄であると、ベラーも問うている。

そして、たいへん興味深いことだが、パーソンズは、こうした市民宗教とナショナリズムとの混線の遠因を明確にしている。

「市民宗教は、至高の存在の崇拝というように、フランス革命により作為的に創り出されたものであり（中略）、アメリカのそれとは大変違っている。フランスのカトリシズムとこの対立は実際先鋭であった。フランス革命のバックグラウンドにいる最も重要な思想家がルソーだった。ルソーが可能なかぎり先鋭な仕方で対比したのは、夢想的に着想された自然状態と、完全に一元的な市民社会とであった。この一元的実体の中心機構こそ一般意志であった」[75]。

人民主権が、一般意志に基づき、一部の人たちの特殊意志ではないことを担保するために、ルソーは、神の代弁をすることができる崇高な立法者と、市民宗教の必要を考えたのである。これは、先述したようにフェーゲリンがホッブスに見抜いていた国家神学のひとつのヴァリエーションだということである[76]。

## 2. ホッブス秩序の含意

すなわち、「人間は自由なものとして生まれたが、いたるところで鎖につながれている」、そして「社会秩序はすべての他の権利の基礎となる神聖な権利である。しかしながら、この権利は自然から由来するものではない。それはだから約束にもとづくものである。これらの約束がどんなものであるかを知ることが、問題である」とするルソーと、人間の本性にある争いの主因、すなわち競争、不信、自負があるために、「自分たちすべてを畏怖させるような共通の権力がないあいだは、人間は戦争と呼ばれる状態、各人の各人に対する戦争状態にある」、それゆえにそのための共通の権力の基盤となるコモンウェルスを設立するための契約が不可欠とするホッブスとの間には、どのような相違があるかを見きわめる必要がある。

社交性ということの自然を認めるかどうかということに相違があり、「万人の万人による闘争」という点で、ホッブスはこれを認めていないということが一般にも言われてきた[77]。しかし、この二人の社会契約説、最も決定的な違いは、時代である。ルソーが絶対王政の打倒と、それへの人民主義の教宣をしているのに対して、ホッブスが主題にしているのは、キリスト教、とりわけプロテスタンティズムの可謬性の徹底暴露と、それゆえにリヴァイアサンが必要であり、それを設計するということであった。

それだから、キリスト者であるパーソンズは、この主題を終生引き継いでいったのだと考えることができる。実際、パーソンズは『社会的行為の構造』において、先ずこのことを明確に指摘している。

「宗教改革期をつうじてキリスト教思想は、個人の宗教的自由の領域を油断なく防衛することに向いている。この問題がローマ法の分裂と融合するようになって以来、宗教的自由の問題は、政治的義務の問題と同一視されるようになっていった。というのも、この領域を脅かす可能性のある唯一の権威は、国家だからである。プロテスタントの観点からすれば、この問題をめぐる思想の一般傾向は、国家に好意的ではない。というのは、ギリシアローマの古典古代の位置に比して国家はそれが享受してきた神聖性をキリスト教により剥奪され続けてきたからである。国家が宗教的承認を享受できるとすれば、それはキリスト者たちの行いの至上の目標を形作るゆえに、諸個人の宗教的関心に、国家が寄与する場合、あるいは少なくとも両立可能である場合であった」[78]。

ルソーのコンテクストに従うなら、パーソンズは、「プロテスタントとして、人は、ある見方をすれば、自由を強制されている」[79]ことになるという点をはっきり見抜いていた。すなわち、プロテスタントにとっては、国家がどのようであるかということが、そのまま自らの生存の必須条件であり、それゆえに国家、リヴァイアサンの設計と設立が危急存亡の重大案件だったということなのである。

パーソンズの紹介者たちとそのエピゴーネン、そしてそれらへの批判者たちが誤読し続けてきたことだが、国家が個々人を統制するという形での規範秩序などというものは、こうした思想の布置連関においては微塵も主張されてはいない。問題は、そうしたことではなく、個々人が自由であり続けるために、リヴァイアサンが必須であり、必然的に規範性が生み出され、そうでなければならないということであり、その歴史的典型が、プロテスタントたちの信仰の自由を保持しようということにあったということである。というのも、彼らには、それぞれの教派が、いかに自分たちの自由を維持できるかが最重要な関心事であり、そのための政治が自分たちの存亡にただちに関わることだということをよく知っていたからである。

## 3. 民主政と選ばれし人

そうではあるが、ベラーが、「アメリカの」と断っていたように、そこにおいて、すなわちアメリカでの「市民宗教」として見たものは、パーソンズが、ホッブスの『リヴァイアサン』を「国家神学」として、自らも『社会的行為の構造』によって、『リヴァイアサン』の新版を描いていこうとしたのとは、実は微妙に食い違っていることを知る必要がある。

ホッブスは、「人（人格）」を明快に理論化している。これにより、リヴァイアサンという統治機構と代議員の関係がわかる。議会制の民主政ということであるが、この議会制民主政治と、アメリカの大統領制による指導者民主政とは食い違っている。

「単一の人間である諸々の人格は存在するのをやめ、主権者というものにより代表されるひとつの人格に溶け込んでいく。〈これこそ偉大なリヴァイアサンの生成であり、いやもっと恭しく言えば、われわれが不死の神のもとで負っている、われわれの平和と防衛とは、この可死の神の生成なのである〉」[80]。

可死の神とは、言うまでもなく政府のことであり、イギリスでの議会政ということである。ところで、明治絶対主義を打ち立てた薩長土肥の藩閥政治家、軍人とそのエピゴーネンでもある、政治を家業としている日本人たちは、この可死の神の繰り返しの再生を信じ続けているかもしれないが、多くの「普通の」日本人は、政府をこのように見ることは絶対にできないであろう。政府のことなど、「可死の神」だとそもそも信じたことがないからである。せいぜい税を取り立てる機関としか見ていない。議会政ということが、そもそもわかっていない可能性がある。

そうしたイギリスの議会政は、アメリカの大統領制の民主政とも違っている。すなわち、プロテスタンティズムの宗派宗教多元主義のアメリカン・ウェイ・オブ・ライフの国家神学は、もっと違う形を採ることになっていったからである。

「予定の教義が忽然と消えていくのではなく、ナショナルエレクションの原則へと移っていく。合衆国憲法は、それが求める市民たちの宗教的信仰とともに、草創期の教義に関係づけられた機能を持っている。まさに選ばれた一群の人たちは、もはや全人類から無関心にされることはない。アメリカ市民たちが選ばれし人であることに疑いはなく、人類の他とは明白に違う人種に属していることがはっきりするのである」[81]。

大統領制は、こうして人民主義の信仰の対象となる。そしてその正統性を、繰り返し調達し続けていくことになるのである。この「アメリカの」市民宗教は、国家神学としての『リヴァイアサン』とも、ましてや日本の「民主主義」ともまったく違っている。

## 4. 美人投票のための討議——言論と学問の衰亡

日本の深刻さは、リヴァイアサンである議会についても、そして首相はそもそも頭領ではないが、行政府の首長についても、こうした信仰のベクトルが向くことがないということであり、「国家神学」などというものが、そもそも忌避されるべきものであり、同時にその反動として、今も「国家神道」の残滓が、「靖国公式参拝」のような形で吹き出てくるところにある。

したがって、多元主義も、教科書で学んで、その言葉では言ってみることもできるが、そもそも存立する余地すらなかったということである。明治維新以来、あり得たベクトルは「追いつき型近代化」という、物質的満足のナショナリズムでしかなかったとさえ言える[82]。

欧米が地理空間的にも、そして産業化・工業化の水準においても遠くにあり得た時代には、政治家も官僚も、そして「普通の」日本人も、そうした憧れの目標にいつの日にか到達できるという、「長期的」な期待を抱くことができた。そして、それは成功例がすでにある確実性とともにあった。

しかしながら、高度経済成長期を経て物質的な豊かさで欧米と並ぶようになった一九八〇年代後半にもなると、長期的な期待構造というものが、目標の喪失とともに揮発していくことになる。「国家神学」は、そもそもはスピリチュアルなものであったが、「追いつき近代主義」は、徹底的に物質主義的なものでしかなかった。

その結果として、一九九〇年バブル崩壊以降、現在もまだ出現し続けるのは、長期の期待とは違い、短期の期待、すなわち出現とともにただちに消えゆくトピックであり、そのトピックが相対的に多数であることを拠り所に、ごく短期について期待する姿勢である。それに突き動かされて生じる、ほんの近い将来に予期される多数者の行動と、それに少し先んじて利を得ようという行動との複合体である。

これは、日本の学校教育が、偏差値という平均からの距離を分散で除した値を、教育の指針として大事にし、改められることがないまま、個々人の特異な能力と適性を見きわめて教育していくのではなく、できるだけ大きな集合体に同一授業内容を投下し、平均からどれだけの偏差があるかということにだけ着目して人を判定し、それへの物質利益の分配をしていく社会となっているところに、きわめてよく表現されている。

政治家は、立候補する選挙区において、それまで当選してきた候補たちの得票数の平均よりも、どれだけ多く取ることができるかが重要となり、そのために目先の選挙だけに着目した政策を好み、政党自体が、そうした集合体ということになってしまっている。

企業は、将来を見透して設備投資をするよりは、利益を内部留保し続けるか、あるいはM&Aにより企業規模を拡大していくことを優先するようになる。

学界は、短期的には何の利益も考えられない基礎理論研究よりも、瞬間的な重点領域として、政府、学術振興会から投下される研究費に動かされて研究をしていく。大学は、将来の社会が、どのような形になっていくのか知るよしもなく、すぐ役に立つ教育、面白い授業に傾斜し、学生も、今すぐ就職活動に役立つことにだけ関心が向いていく。

「民主主義」もそれを口にすることで平均であり、そこから一歩ほど前に出ていればよいものとなってしまっていて、実質の内容は揮発してしまっている。

そして何よりも、超高齢化社会であり、世代経験の大きな違いにより、日本人は、年代により分断されており、共通の価値を紡ぐことがきわめて難しくなっている。「人権」「共生」「ダイバシティー」などとキャッチフレーズを、その時々のトピックとして訴えることはできるが、社会についての長期的期待構造に結びつくものはない。ただ、言っているだけのことのように思える。

原理原則に立ち戻ろうとすると、そもそも国家神学というものがありえず、再び国家神道のヴァリエーションが、日本の伝統思想のように誤解され出現してくることになる。これに対して、まだなお美人投票による短期期待で右往左往している方が、実は安定しているとも言えるのが、日本の姿であろう。

美人投票の喩えは、ケインズが『雇用・利子・貨幣の一般理論』において、長期期待に対して短期期待優勢の状態を言うのに示したものである。すなわち、美人を投票で選ぶ。美人として選ばれた人を選んだ投票者は褒美がもらえるということで投票をする。そもそも「美人」とは何であるかについてはわからぬまま、投票者は、それを問うことなく、他の投票者が誰を選ぶのかを気にしながら投票するという話である[83]。

「景気」「雇用」「高齢化」「自立」「共生」「地方創生」「先端研究」などのキャッチフレーズを、「美人」に置き換えてみれば、日本の今の姿がよくわかるはずである。

## 註

1 Talcott Parsons, *The Structure of Social Action* ——*A Study in Social Theory with Special Reference to a Group of Recent European Writers*, McGraw-Hill 1937 (Free Press 1968), pp.89-94. パーソンズ『社会的行為の構造（第一分冊　総論）』（稲上毅・厚東洋輔訳）木鐸社　一九七六年、一四八―五七頁。

2 Alexis de Tocqueville, *Democracy in America*, Penguin Books / London 2003, p.237. トクヴィル『アメリカの民主政治（中）』（井伊玄太郎訳）講談社学術文庫　一九八七年、七五頁。

3 森（二〇一四）九一―五頁。

4 第1部第二章（七頁以下）参照。

5 Eric Voegelin, "Appendix A. Voegelin's Introduction to the 'History of Political Ideas'", *The Collected Works of Eric Voegelin, Vol. 19, History of Political Ideas Vol. I. Hellenism, Rome, and Early Christianity*, (edited with an introduction by Athanasios Moulakis), University of Missouri Press / Columbia, Missouri 1997, p.225.

6 Voegelin (1997), p.227.

7 Eric Voegelin, *The New Science of Politics* ——*An Introduction*, University of Chicago Press / Chicago 1952, p.27. フェーゲリン『政治の新科学―地中海的伝統からの光』（山口晃訳）而立書房　二〇〇三年、四二頁。Alfred Schutz, "Symbol, Reality, and Society", *Collected Papers I* ——*The Problem of Social Reality* (edited by Maurice Natanson), Kluwer Academic Publishers Dordrecht / Boston/London 1962, p.336.

8 Tocquville (2003), p.101. 邦訳（上巻）一七二頁。

9 Eric Voegelin, *The Collected Works of Eric Voegelin, Vol.25, History of Political Ideas, Vol. VII, the New Order and Last Orientation*, (eds. Jürgen Gebhardt, Thomas A. Holweck), University of Missouri Press, Columbia / London 1997, p.60

10 Voegelin (1997), p.62.

11 Voegelin (1952), p.181.

12 Voegelin (1952), p.159.

13 Edmund Husserl, *Cartesianische Meditationen ——Eine Einleitung in die Phänomenologie*, Felix Meiner Verlag / Hamburg 1995 (1950), S.114 f. ; *Cartesian Meditations ——An Introduction to Phenomenology*, Kluwer Academic Publishers / Dordrecht 1950, p.112. フッサール『デカルト的省察』（浜渦辰二訳）岩波文庫　二〇〇一年、二〇一頁以下。

14 同時性と疑似同時性、「あなた（You-orientation）」と「やつら（They-orientation）」の区別については、第1部第二章（九頁）参照。

15 Mototaka Mori, "Future Structure of the Life-World ——As an inevitable consequence of the peer-to-peer", in: *Società Mutamento Politica*, 2015, 6 (12), pp.81- 95.

16 Alfred Schutz, "Symbol, Reality and Society", in: *Collected Papers 1 ——The Problem of Social Reality*, Kluwer Acadmic Publishers / Dortrecht 1962, p.299.

17 レリバンスについては、森（二〇一四年）六九頁以下参照。

18 Alfred Schütz, *Der sinnhafte Aufbau der sozialen Welt —Eine Einleitung in die verstehende Soziologie*, *Alfred Schütz Werkausgabe Band II*, UVK Verlagsgesellschaft / Konstanz 1932[2004], S.195-209; Alfred Schutz, *The Phenomenology of the Social World*, Northwestern University Press / Evanston 1967, pp.86-96.

19 Voegelin (1997), p.60.

20 Voegelin (1997), p.68.

21 Talcott Parsons, *The Structure of Social Action ——A Study in Social Theory with Special Reference to a Group of Recent European Writers*, Free Press / New York 1937 (1964). パーソンズ『社会的行為の構造』（稲上毅・厚東洋輔・溝部明男訳）木鐸社　一九七六〜八九年。

22 Alfred Schutz, "Equality and the Meaning Structure of the Social World", in: *Collected Papers II ——Studies in Social Theory* (edited by Arvid Brodersen), Martinus Nijhoff / The Hague 1964, p.228, p.244.

23 John Stuart Mill, *Consideration on Representative Government*, Harper & Brothers, Publishers, Franklin Square /New York 1862, p.63. ミル『代議制統治論』（水田洋訳）岩波文庫　一九九七年、七八頁。

24 第1部第三章1．（二〇頁）参照。

25　第１部第三章１．参照。

26　Eric Voegelin, *Ueber die Form des Amerikanischen Geistes*, J.C.B. Mohr / Tübingen 1928, S.63-4. Eric Voegelin, *On the Form of the American Mind, The Collected Works of Eric Voegelin, Vol. 1*(edited with an introduction by Jürgen Gebhardt), and Barry Cooper, University of Missouri Press / Columbia, Missouri 1995, pp.77-8.

27　Edmund Husserl, *Ideen zu einer reinen Phänomenologie und phänomenologischen Philosophie, Erstes Buch*, Felix Meiner Verlag / Hamburg 2009(1930), S.225; *Ideas pertaining to a Pure Phenomenology and to a Phenomenological Philosophy*, First Book, The Hague/Martinus Nijhoff Publischers 1982, p.236. エトムント・フッサール『イデーン　Ⅰ-Ⅱ　純粋現象学と現象学的哲学のための諸構想　第一巻　純粋現象学への全般的序論』（渡辺二郎訳）みすず書房　一九八四年、一四二頁。

28　森（二〇一四）一二一頁以下参照。

29　Jürgen Habermas, "Handlung und System ――Bemerkungen zu Parsons' Medientheorie", in: Wolfgang Schluchter (Hg.), *Verhalten, Handeln und System ――Talcott Parsons' Beitrag zur Entwicklung der Sozialwissenschaften*, Frankfurt am Main 1980. この論文は加筆修正され、Jürgen Habermas, *Theorie des kommunikativen Handelns Band 2 ――Zur Kritik der funktionalistischen Vernunft*, Frankfurt am Main 1981, S.395―419. に再録。ハーバマス『コミュニケイション的行為の理論（下）』未来社　一九八七年所収。

30　シンボリック・メディア論については、森　元孝『モダンを問う――社会学の批判的系譜と手法』弘文堂　一九九五年、一三八―九頁参照。

31　第１部第三章１．（一六頁）参照。

32　ハーバマス『コミュニケイション的行為の理論（上・中・下）』未来社　一九八五～七年。

33　Karl Marx, *Das Kapital ――Kritik der politischen Ökonomie, Erster Band*, Dietz Verlag / Berlin 1980, S.49. マルクス『資本論』（マルクス＝エンゲルス全集刊行委員会訳）大月書店　一九八二年、第一巻第一部第一篇第一章第一節、四七頁。

34　「この収奪は、資本主義的生産そのものの内在的諸法則の作用によって、諸資本の集中によって、行われる。（中略）この転化過程のいっさいの利益を横領し独占する資本家の数が絶えず減ってゆくのにつれて、貧困、抑圧、隷属、堕落、搾取はますます増大してゆくが、しかしまた、絶えず膨張しながら資本主義的生産過程そのものの機構によって訓練され結合され組織される労働者階級の反抗もまた増大してゆく。資本独占は、それとともに開花しそれのもとで開花したこの生産様式の桎梏となる。生産手段の集中も労働の社会化も、それがその資本主義的な外皮とは調和できなくなる一点に到達する。そこで外皮は爆破される。資本主義的私有の最期を告げる鐘が鳴る。収奪者が収奪される」〔Marx (1980), S.790-1. マルクス『資本論』（第一巻第一部第一篇）九九四―五頁〕。

35　アダム・スミス『国富論2』（水田洋監訳・杉山忠平訳）岩波文庫　二〇〇〇年、三〇三―四頁。

36　John Hicks, *Critical Essays in Monetary Theory*, Clarendon Press / Oxford 1967, pp.1-4.

37　John Maynard Keynes, *The General Theory of Employment, Interest and Money* (*The Collected Writings of John Maynard Keynes, Vol.VII*), Macmillan / London 1973 (1936), p.170. ケインズ『雇用・利子および貨幣の一般理論』東洋経済新報社　一九八三年、一六八―九頁。

38　第3部第一章4.（一一二頁）参照。

39　森　元孝『貨幣の社会学――経済社会学への招待』東信堂　二〇〇七年、五〇頁。

40　Max Weber, "Soziologische Grundbegriffe", in: *Gesammelte Aufsätze zur Wissenschaftslehre* (5.Auflage), J.C.B.Mohr / Tübingen 1982, S.542. ウェーバー『社会学の根本概念』岩波文庫　一九七二年、八頁。

41　主体を個体として特定できるという点で、社会的行為論は、方法論的個体主義と言ってみることはできるだろうが、「方法論的個人主義（methodological individualism）」という表現は誤まりである。

42　Max Weber, "Die >Objektivität< sozialwissenschaftlicher und sozialpolitischer Erkenntnis", in: *Gesammelte Aufsätze zur Wissenschaftslehre* (5.Auflage), J.C.B.Mohr / Tübingen 1982, S.149. ウェーバー『社会科学と社会政策にかかわる認識の「客観性」』（岩波文庫　一九九八年）三〇―一頁。

43　第2部第一章4. において、さまざまな老人福祉施設への入所の様態を考えたが、まさしく貨幣が諸行為と諸体験を連関させていくということ、すなわちいずれかのところに入所できるという経済的状況が先に与えられて、そこにさる施設に入所する諸々の主体が現れ出るということのはずである。その上での「自立」ということである。「自立」を先験的に捉えると、それほど怪しい表現はないだろう。

44 「一種の」というのは、自国通貨を他国通貨と交換するという形での為替交換ではなく、貨幣と有価証券との関係だということである。

45 (0.05+0.1) ÷1.05×100 = 14.2857

46 これは、バーゼルIからIIIのように、現在では国際的に決められていくことになる。

47 Friedrich von Hayek, *Geldtheorie und Konjekturtheorie*, Wien 1929, S.88 ff. *Monetary Theory and the Trade Cycle*, London 1933, p.157 ff. ハイエク「貨幣理論と景気循環」『ハイエク全集I　貨幣理論と景気循環／価格と生産』(古賀勝次郎訳) 春秋社　一九八八年) 六八―九頁。森　元孝『フリードリヒ・フォン・ハイエクのウィーン――ネオ・リベラリズムの構造とその時代』新評論　二〇〇六年、五四―六頁。

48 リチャード・ロバーツ、デーヴィッド・カイナストン編『イングランド銀行の三〇〇年――マネー、パワー、影響』(浜田康行・宮島茂紀・小平良一訳) 東洋経済新報社　一九九六年。

49 Habermas (1980), S.93; Habermas (1982), S.409 (邦訳二四四頁)。

50 先述したスミスの引用文を参照 (一二七頁)。

51 第2部第四章3. (八六頁) 参照。

52 第2部第四章3. (八六頁) 参照。

53 長期信用銀行と、戦後日本の設備投資については、森 (二〇〇七年) 九―三六頁を参照。

54 戦後日本の住宅ローンは、住宅金融公庫という公的金融機関 (住宅金融公庫『住宅金融公庫四〇年史――豊かな住生活をめざして』(一九九〇年)、『資料でみる公庫のあゆみ』(一九九〇年)) と、住宅金融専門会社を軸に編成されていた。これは、当初、一般の商業銀行が短期の資金融通に軸足を置いていたために、顧客について長期にわたる信用供与をする余裕がなかったことにある。しかしながら、一九八〇年代になるとその余力が民間の都市銀行にも生まれ、この市場に参入することになる。これが、住宅金融専門会社の経営を圧迫し無理な融資をすることにつながり、いわゆる住専問題を引き起こすことになった。

55　欧米において住居そのものが資本価値を持ち続けるのに対して、日本の場合、不動産価値が主要には土地価格であることも影響するだろう。これは木造住居であるということのみならず、「マンション」のような鉄筋コンクリート建築の場合も、都市の歴史的景観とともに作り上げられた都市邸宅というよりは、とりあえず住む場所としての集合住宅という点で、時間とともにその価値は下がっていく。例えば、ピケティ『二一世紀の資本』では、西欧北米の資本の歴史的構成要素に住居が占める割合の大きさが描かれているが、日本の場合、歴史的にも、資本構成の主要な要素として住居を含むことができなかっただろうし、今後、人口減少とともに超高齢化が進むことにより、老朽化する住居建物は資産というよりも撤去費用を要する負の資産となっていく可能性がある。

56　ジョセフ・ノセラ著『アメリカ金融革命の群像』（野村総合研究所訳）野村総合研究所　一九九七年、第一章「空からカードが降ってくる——銀行系クレジットカードの始まり」二七—五三頁。

57　鈴木大介『奪取——「振り込め詐欺」一〇年史』宝島文庫　二〇一五年。

58　Friedrich von Hayek, *Denationalization of Money —An Analysis of the Theory and Practice of Concurrent Currencies*, Economic Affairs / London 1976. ここでは、*The Collected Works of F. A. Hayek, Vol. 6, Good Money, Part II, The Standard*, (ed. Stephen Kresge), The University of Chicago Press 1999. を使用している。ドイツ語版は、*Entnationalisierung des Geldes —Eine Anayse der Theorie und Praxis konkurrierender Umlaufsmittel*, J. C. B. Mohr / Tübingen 1977. 邦訳は、「貨幣の脱国営化論——共存通貨の理論と実践の分析」『ハイエク全集Ⅱ-2　貨幣論集』（池田幸弘・西部忠訳）春秋社　二〇一二年所収。

59　森（二〇〇六）一八七頁。

60　理論的には論及は少なくない。Rainer Gerding, Joachim Starbatty, *Zur Entnationalisierung des Geldes*, J. C. B. Mohr / Tübingen 1980. そしてミルトン・フリードマンも論及している。詳しくは、森（二〇〇六）第七章、および森（二〇〇七）第七講参照のこと。

61　Hayek (1999), p.158 note 49. 邦訳一九六—七頁注四四。

62　Clay Shirky, "Listening to Napster", in: Andy Oram (ed.), *Peer-To-Peer —Harnessing the Benefits of a Disruptive Technolo-*

gy, O'Reilly & Associates / Sebastopol CA, 2001, p.28.
63 Satoshi Nakamoto, "Bitcoin ——A Peer-to-Peer Electronic Cash System", www.bitcoin.org.
64 第３部第二章３．図３－１（一三〇頁）参照。
65 第３部第二章３．図３－２（一三一頁）参照。
66 Inaugural Address Japanese, in: *John F. Kennedy ——Presidential Library and Museum* (https://www.jfklibrary.org/).
67 同上。
68 Robert N. Bellah, "Civil Religion in America (1966)", in: *Beyond Belief ——Essays on Religion in a Post-Traditionalist World*, University of California Press 1991, p.170.
69 Bellah (1966), p.171.
70 Bellah (1966), p.181.
71 アメリカ合衆国憲法修正第一条。
72 Talcott Parsons "Some Comments on the Pattern of Religious Organization in the United States", in: *Structure and Process in Modern Society*, Free Press 1960, p.295.
73 Talcott Parsons, "Religion in Postindustrial America ——The Problem of Secularization", in: *Action Theory and the Human Conditions*, Free Press 1978, p.309.
74 Bellah (1966), p.179.
75 Parsons (1978), p.309.
76 第３部第一章参照。
77 河野健二「解説」『ルソー　社会契約論』（桑原武夫・前川貞次郎訳）岩波文庫　一九五四年、二三三頁。
78 Parsons (1937), p.87.
79 Parsons (1937), p.332.
80 Eric Voegelin, *The New Science of Politics ——An Introduction*, University of Chicago Press 1952, p.183.
81 Eric Voegelin, *On the Form of the American Mind (The Collected Works of Eric Voegelin, Volume 1)*, Louisiana State Uni-

versity Press 1995, p.131.
82 村上泰亮『新中間大衆の時代――戦後日本の解剖学』中公文庫　一九八七年。
83 Keynes（1936）,p.156.『雇用・利子および貨幣の一般理論』一五四頁。

# 結び　未来社会のために——身体と組織

社会心理学の古典的な理論に文化遅滞というのがある。経済メカニズムが先行して社会構造を変化させていくが、人々の意識がそれに追いついていかないという説である[1]。オグバーンらにより考えられたこの種の理論は、基本的には、マルクスの史的唯物論の公式である「存在が意識を規定する」[2]という下部構造と上部構造という着想に根があり、経済決定論などと呼ばれたものである。

しかしながら、こうした上部構造とされる意識が、下部構造である土台の変化に追随していくことができないという現象は、日本社会にそして日本人に、少なからず確かめてみることができる。

一九九〇年代の経営史のパラダイム的教科書には、日本的経営の終焉、ポスト日本的経営ということが書かれていた[3]。当時、そのアヴァンギャルドにいた学者たちは、すでにそう見ていたゆえに、組織のコンティンジェンシー論などを導入したのである。

すなわち、組織というのは、歴史貫通的に基本解があるわけではなく、その時空にしたがって適応機能を高め本体も変容させていかねばならないというものであろう。現実に、一九九〇年代には世界を代表するエレクトロニクス製品の企業が、今やその主軸のひとつを銀行や保険など金融業としていることなどを知ると、その大きなメタモルフォーゼを認めざるをえないし、企業組織というシステムが、外部環境に適応するために、過去の成功神話を断ち切り、自ら変容していったことを知ることができる。

しかしながら、それは激烈なリストラとともに可能であったことを知るなら、文化遅滞の理論が今もなお有効であり続ける理由は明白であり、意識はまだこの変容には付き従わないでいようとする可能性も大いにある。企業組織とは異なり、人はそれほど簡単には適応することができない。

かつての年功序列、終身雇用、企業内組合という日本的企業の三要素は、今も実は根強く、現実味はどんどん薄まってはいるが、意識に残っている可能性はある。企業年金は、終身あるいはある年限、退職後も、その企業にまさに一生仕えたゆえの忠義の証のようにあり、退職金も、やはりその企業で勤め上げた褒美として老後を保障するものとして考えられてきた、後払いの給与という意識は、まだ残っている。

これは、他方で、非正規雇用者が、雇用者全体の四割にも達しようとしている時にも、まだなお意識として残っている問題である。企業組織のコンティンジェント（状況依存）的適応は、当然、こうした非正規雇用者を急増させる原因でもある。

組織と人との関係は、江戸時代の藩と武士の関係のようであり続けることを理想とするのが、日本的経営の要点であった[4]。すなわち、組織の内部に、その組織の構成員として人がいるという着想である。しかしながら、組織と人の関係は、組織とはシステムであり、生産や流通や消費をしているシステムでしかなく、人は構成員と呼べども、このシステムの環境の要素でしかなく、このシステムとの関係で「従業員」「構成員」「人」などとして析出してくるものでしかない。ここでの時間過程を考えるなら、過去は選択肢でしかなく、未来は差異である。すなわち、今、現在のアクチュアリティは、選択肢の一方を過去とし、新たなアクチュアリティに直面するということである。それゆえに未来は、未知の差異である。[5] そうであるにもかかわらず、過去の成功体験を典型例に、これまでの組織、身体のままであろうと信ずることは、現在をいつまでも現在のままとして、時の経過を隔離することになる。そのように隔離することができればよいが、それは難しい。

たまたま、武士に内在していたとされる封建的主従関係が年功序列、終身雇用、企業内組合という形で、経済発展に適合的であったために、日本的経営という現象が、一九二〇年代から七〇年あまりあり続けたということにすぎないと見るべきであろう。

この関係は、会社や団体という組織にとどまらず、人の身体にも関係している。すでに終身雇用、年功序列、企業内組合という要素の結合のもとで、生活をしていくことは難しいにもかかわらず、意識はそのまま残っているところがある。

加齢とともに、身体は老化していき能力も低下し、必ず寿命がある。これは企業や団体などの組織が、その本体を変容させ再生していくことが可能なのとは根本的に異なる。向老期から終末期に入っても、老化によるその身体能力の衰えにもかかわらず、まだ昔の意識のまま居続けたくなるとしたら、「自立」という標語は美しいが、そこでの実際の適応が、きわめて難しいことも思い知ることになる。向老期から終末期に入りながら、身体の更新は至難の業、いや不可能であり、ＡＩに代替したとしても、意識は遅滞しているはずである。

家族という集団の場合も同様である。一九九九年の介護保険制度導入の重要な動機は、家族をひとつの疑似組織と見て、介護は妻や嫁、家族の仕事としてきた因襲を、当時の現状を見て打破せねばならないとしたことにある。これは、ただ妻、嫁というカテゴリーに限るものではない。親、子というそれにもあてはめなければならないし、女と男、そしてそもそものその区別自体にもあてはめなければならない。

日本の学校教育は、一九七〇年代には偏差値主義の影響を受け、日本全体、細かく家族にまで組織化しようという制度に今や疲弊しきっている。それゆえに、子の能力よりは、親が引きずっている昭和の受験意識に囚われているところがある。親の時代に合ったかも知れぬ成功体験が、子の時代にも通用すると思っているのである[6]。

子は、できるだけ早く、親から自立していくことが必要である。そして遅滞する意識に囚われない子が生まれ育っていく環境整備が、将来の人生と生きる社会を決めるであろう。これがないかぎり、一千兆円にものぼる預貯金も、将来への投資ではなく、増大していく超高齢者の終末期の介護と医療にことごとく費消されていってしまう可能性さえある。

貯めた金は、その人のものであるが、貨幣は、時間を架橋して、次の社会の豊かさを生むことに結びつかなければならない。そのための信用増殖機能が、人の歴史とともに生まれた貨幣には備わっていることを忘れてはならない。銀行、金融機関に預貯金をするとしたら、すでにそのことを了解していることということであり、銀行、金融機関も当然、そのことを了解して、未来につなげる責任がある。この組織も、テクノロジーと共進化していくし、それが可能な社会にかかわる身体には、新しい「人」が現れ出ていかなければならない。

日本の未来社会は、深刻である。それを本来、巧みに統治していく政治機構が果たしてありうるのか、そこに出現する政治家たちの行状を知れば、当選だけを目当てに生きていることが歴然としている人間も少なくない。それは、学問の究極目的というよりは、目先の研究費獲得だけに右往左往している大学研究者や学者と称する人がいるのと同じである。

そうした短期期待にのみ反応する人たちを超えて未来を見透し、新たな世界を切り拓くことができないとしたら、日本社会の未来はきめて難しい。「介護する」と「介護される」の二分法で秩序化される社会システムにのみ適応した政治システムと経済システムへと変奇していくことになろう。ちょうど、偏差値に別格のSランクがあり、そのもとにAランクからFランクへと階級づけられるのと同じように、この「介護する」と「介護される」で現出する社会秩序は、それぞれのランクの政治経済のリソースで区分けされていくだろう。そしてそこでの「自立」や「成長」は、超・長寿社会下でもまだなお「勤労」という深刻な価値理念を墨守していくということであり続ける可能性もある。

「過去に眼を閉じる者は、現在も見えない」というは、そのとおりであるが、日本の社会学は、過去の社会学者の業績顕彰と、現在についての感覚に基づく多弁で成り立っている。理論はすでに揮発してしまっている。理論なしには、未来を見透してみることはできないであろう。これを打ち破るつもりで書いた。

東信堂下田勝司社長からのご用命は、ケインズとハイエク対マルクスという構図で、貨幣と市場と労働を整理して、結局誰が社会・時代を見通し解明していたか、現在を予想しどんな社会をめざせば良いのかといったテーマで次の企画ができないでしょうかという難題であった。それにお応えすることができたかどうか心許ないが、貴重な機会を与えてくださったことを心より御礼申し上げなければならない。

さらに、校正のプロセスにおいて、より適切な表現に、より綺麗な図にしていくために、たいへん細かいアドヴァイスを与えてくださった東信堂の向井さん、牟禮さん、組版を担当していただいた柳沢さんには、心より御礼申し上げなければならない。

二〇一七年晩秋　逗子

著者

## 註

1 William Fielding Ogburn, *Social Change with Respect to Culture and Original Nature*, B. W. Huebsch / New York 1923

2 マルクス『経済学批判』（武田隆夫・遠藤湘吉・大内力・加藤俊彦訳）岩波文庫　一九五六年、一三頁。

3 森川英正・米倉誠一郎編『高度経済成長を超えて（日本経営史5）』岩波書店　一九九五年。

4 村上泰亮・公文俊平・佐藤誠三郎『文明としてのイエ社会』中央公論社　一九七九年。

5 Niklas Luhmann, *Organisation und Entscheidung*, Westdeutscher Verlag / Wiesbaden　2000, S.157.

6 古市憲寿「みんな学歴の話が大好き」『働き方は「自分」で決める』講談社文庫　二〇一四年、一八四頁以下。

Mullins, Shimazono Susumu, Paul L. Swanson (eds.), *Religion and Society in Modern Japan,* Asian Humanities Press / Nagoya 1993.

スミス．アダム・スミス『国富論２』（水田洋監訳・杉山忠平訳）岩波文庫　2000 年。

Tocqueville. Alexis de Tocqueville, *Democracy in America*, Penguin Books / London 2003. トクヴィル『アメリカの民主政治（中）』（井伊玄太郎訳）講談社学術文庫　1987 年。

上野千鶴子『おひとりさまの老後』文春文庫　2011 年。

Voegelin. Eric Voegelin, *Ueber die Form des Amerikanischen Geistes*, J.C.B. Mohr / Tübingen 1928.

–*The New Science of Politics –An Introduction*, University of Chicago Press / Chicago 1952. フェーゲリン『政治の新科学――地中海的伝統からの光』（山口晃訳）而立書房　2003 年。

—*On the Form of the American Mind, The Collected Works of Eric Voegelin, Vol. 1*(edited with an introduction by Jürgen Gebhardt, and Barry Cooper), University of Missouri Press / Columbia, Missouri 1995.

–"Appendix A. Voegelin's Introduction to the 'History of Political Ideas'", *The Collected Works of Eric Voegelin, Vol. 19, History of Political Ideas Vol. I. Hellenism, Rome, and Early Christianity,* (edited with an introduction by Athanasios Moulakis), University of Missouri Press / Columbia, Missouri 1997.

–*The Collected Works of Eric Voegelin, Vol.25, History of Political Ideas, Vol. VII, the New Order and Last Orientation*, (eds. Jürgen Gebhardt, Thomas A. Holweck), University of Missouri Press, Columbia / London 1997.

Weber. Max Weber, *The Theory of Social and Economic Organization*, (Edited with an Introduction by Talcott Parsons), Oxford University Press / New York 1947,

–"Die >Objektivität< sozialwissenschaftlicher und sozialpolitischer Erkenntnis", in: *Gesammelte Aufsätze zur Wissenschaftslehre* (5.Auflage), J.C.B.Mohr / Tübingen 1982. ウェーバー『社会科学と社会政策にかかわる認識の「客観性」』岩波文庫　1998 年。

—"Soziologische Grundbegriffe", in: *Gesammelte Aufsätze zur Wissenschaftslehre* (5.Auflage), J.C.B.Mohr / Tübingen 1982. ウェーバー『社会学の根本概念』（清水幾太朗訳）岩波文庫　1972 年。

ヴェーバー．マックス・ウェーバー『社会主義』（浜島朗訳）講談社学術文庫　1980 年。

—マックス・ウェーバー『プロテスタンティズムの倫理と資本主義の精神』（大塚久雄訳）岩波文庫　1989 年。

Wöss. Fleur Wöss, "Bitten um einen friedlichen Tod –Der Pokkuri-Glaube", in: *Nachrichten der Gesellschaft für Natur- und Völkerkunde Ostasiens*, Jg. 1981, Heft 131, S.5-16,

–"Pokkuri-Temples and Aging –Rituals for Approaching Death", in: Mark R.

*Nature*, B. W. Huebsch / New York 1923.
大岡昇平『野火』新潮文庫　1954 年。
Parsons. Talcott Parsons, *The Structure of Social Action ——A Study in Social Theory with Special Reference to a Group of Recent European Writers,* McGraw-Hill 1937 (Free Press 1968). パーソンズ『社会的行為の構造』（稲上毅・厚東洋輔・溝部明男訳）木鐸社　1976 ～ 89 年。
—"Comments on the Pattern of Religious Organization in the United States", in: *Structure and Process in Modern Society,* Free Press 1960.
—*Action Theory and the Human Condition,* Free Press / New York 1978.
Pikkety. Thomas Pikkety, *Capital in the Twenty-First Century* (translated by Arthur Goldhammer), Harvard University Press / Cambridge Massachusetts 2014.
Riesman. David Riesman, *The Lonely Crowd ——A study of changing American character,* Yale University Press / New Haven 1961. リースマン『孤独な群衆』（加藤秀俊訳）みすず書房　1964 年。
リチャード・ロバーツ、デーヴィッド・カイナストン編『イングランド銀行の 300 年——マネー、パワー、影響』（浜田康行・宮島茂紀・小平良一訳）東洋経済新報社　1996 年。
ルソー『社会契約論』（桑原武夫・前川貞次郎訳）岩波文庫　1954 年。
堺屋太一『団塊の世代』文藝春秋　1980 年。
―『団塊の世代「黄金の十年」が始まる』文藝春秋　2008 年。
Schütz. Alfred Schütz, *Der sinnhafte Aufbau der sozialen Welt —Eine Einleitung in die verstehende Soziologie, Alfred Schütz Werkausgabe Band II*, UVK Verlagsgesellschaft / Konstanz 1932[2004].
Schutz. Alfred Schutz, "Symbol, Reality and Society", in: *Collected Papers 1 ——The Problem of Social Reality,* Kluwer Acadmic Publishers / Dortrecht/Boston/London 1962.
—"Equality and the Meaning Structure of the Social World", in: *Collected Papers II —Studies in Social Theory* (edited by Arvid Brodersen), Martinus Nijhoff / The Hague 1964.
—Alfred Schutz, *The Phenomenology of the Social World,* Northwestern University Press / Evanston 1967.
Shirky. Clay Shirky, "Listening to Napster", in: Andy Oram (ed.), *Peer-To-Peer —— Harnessing the Benefits of a Disruptive Technology,* O'Reilly & Associates / Sebastopol CA, 2001.
Simmel. Georg Simmel, *Lebensanschauung*, in: *Georg Simmel Gesamtausgabe 16*,, Frankfurt am Main. ジンメル『ジンメル著作集９　生の哲学』（茅野良男訳）白水社　1994 年。
鈴木大介『奪取——「振り込め詐欺」10 年史』宝島文庫　2015 年。

Wiesbaden.

Marx. Karl Marx, *Das Kapital ——Kritik der politischen Ökonomie*, Erster Band, Dietz Verlag / Berlin 1980. マルクス『資本論』（マルクス＝エンゲルス全集刊行委員会訳）大月書店 1982 年。

マルクス．カール・マルクス『経済学批判』（武田隆夫・遠藤湘吉・大内力・加藤俊彦訳）岩波文庫 1956 年。

マルクス、エンゲルス．カール・マルクス、フリードリヒ・エンゲルス『ドイツ・イデオロギー』（古在由重訳）岩波文庫 1956 年。

Mill. John Stuart Mill, *Consideration on Representative Government*, Harper & Brothers, Publishers, Franklin Square/New York 1862. ミル『代議制統治論』（水田洋訳）岩波文庫 1997 年。

森 元孝『アルフレート・シュッツのウィーン——社会科学の自由主義的転換の構想とその時代』新評論 1995 年。

—『モダンを問う——社会学の批判的系譜と手法』弘文堂 1995 年。

—『アルフレッド・シュッツ —— 主観的時間と社会的空間』東信堂 2000 年。

—『フリードリヒ・フォン・ハイエクのウィーン —ネオ・リベラリズムの構造とその時代』新評論 2006 年。

—『貨幣の社会学——経済社会学への招待』東信堂 2007 年。

—『理論社会学——社会構築のための媒体と論理』東信堂 2014 年。

Mori. Mototaka Mori, "Future Structure of the Life-World ——As an inevitable consequence of the peer-to-peer", in: *Società Mutamento Politica*, 2015, 6(12), p.81-95.

森川英正・米倉誠一郎編『高度経済成長を超えて（日本経営史 5）』岩波書店 1995 年。

村上泰亮・公文俊平・佐藤誠三郎『文明としてのイエ社会』中央公論社 1979 年。

村上泰亮『新中間大衆の時代——戦後日本の解剖学』中公文庫 1987 年。

Nakamoto. Satoshi Nakamoto, "Bitcoin ——A Peer-to-Peer Electronic Cash System", www.bitcoin.org.

那須宗一・一番ケ瀬康子・黒田俊夫、馬場啓之助・水野肇「座談会 高齢化社会の問題状況」『ジュリスト増刊総合特集 高齢化社会と老人問題』（No.12）有斐閣 1978 年。

日本銀行「当面の金融政策運営について」『金融政策に関する決定事項等』2013 年 3 月 7 日。

ノセラ．ジョセフ・ノセラ著『アメリカ金融革命の群像』（野村総合研究所訳）野村総合研究所 1997 年、第一章「空からカードが降ってくる——銀行系クレジットカードの始まり」27—53 頁。

Ogburn. William Fielding Ogburn, *Social Change with Respect to Culture and Original*

Heider. Fritz Heider, "Ding und Medium", in: *Zeitschrift Sympoion: Philosophische Zeitschrift für Forschung und Aussprache*, Jg. 1 Heft 2, Berlin 1926.
—"Thing and Medium", in: *Psychological Issues*, Vol.1, No. 3, International Universities Press / New York 1959, pp.1-34
—*Ding und Medium* (hersgegebn und mit einem Vorwort versehen von Dirk Baecker), Kulturverlag Kadmos / Berlin 2005;
Hicks. John Hicks, *Critical Essays in Monetary Theory*, Clarendon Press / Oxford 1967
Husserl. Edmund Husserl, *Ideen zu einer reinen Phänomenologie und phänomenologischen Philosophie, Erstes Buch*, Felix Meiner Verlag / Hamburg 2009 (1930). エトムント・フッサール『イデーン　I－II　純粋現象学と現象学的哲学のための諸構想　第一巻　純粋現象学への全般的序論』（渡辺二郎訳）みすず書房 1984 年。
—*Ideas pertaining to a Pure Phenomenology and to a Phenomenological Philosophy*, First Book, The Hague/Martinus Nijhoff Publischers 1982.
—*Cartesianische Meditationen ——Eine Einleitung in die Phänomenologie*, Felix Meiner Verlag / Hamburg 1995 (1950). フッサール『デカルト的省察』（浜渦辰二訳）岩波文庫 2001 年。
—*Cartesian Meditations ——An Introduction to Phenomenology*, Kluwer Academic Publishers / Dordrecht 1950.
池上直己『日本の医療と介護——歴史と構造、そして改革の方向性』日本経済新聞社　2017 年。
Jankélévitch. Vladimir Jankélévitch, *La Mort*, Flammarion Editeur / Paris 1966. ジャンケレヴィッチ『死』（仲沢紀雄訳）1978 年、みすず書房。
住宅金融公庫『住宅金融公庫 40 年史 ——豊かな住生活をめざして』1990 年。
—『資料でみる公庫のあゆみ』1990 年。
介護保険制度史研究会編著『介護保険制度史——基本構想から法施行まで』社会保険研究所　2016 年。
Keynes. John Maynard Keynes, *The General Theory of Employment, Interest and Money (The Collected Writings of John Maynard Keynes, Vol.VII )*, Macmillan / London 1973(1936). ケインズ『雇用・利子および貨幣の一般理論』（塩野谷・一訳）東洋経済新報社　1983 年。
金融広報中央委員会　知るぽると『家計の金融行動に関する世論調査［二人以上世帯調査］』（平成 19 年以降）。
厚生労働省『平成 28 年度社会福祉施設等調査』「結果の概要　表 1　施設の種類別にみた施設数・定員（基本票）」。
Luhmann. Niklas Luhmann, *Organisation und Entscheidung*, Westdeutscher Verlag /

# 文献一覧

Austin. John L. Austin, *How to do Things with Words* (Second edition), Harvard University Press 1962. J. L. オースチン『言語と行為』（坂本百大訳）大修館 1978 年。

青井和夫編『社会学講座 1 理論社会学』東京大学出版会 1974 年。

安藤優子「スポットライトの裏での〈仕事〉と〈介護〉両立の十年間」『週刊新潮』(2017 年 4 月 6 日号)

Bellah. Robert N. Bellah, "Civil Religion in America (1966)", in: *Beyond Belief—Essays on Religion in a Post-Traditionalist World*, University of California Press 1991.

古市憲寿『働き方は「自分」で決める』講談社文庫 2014 年。

Gerding, Starbatty. Rainer Gerding, Joachim Starbatty, *Zur Entnationalisierung des Geldes*, J. C. B. Mohr / Tübingen 1980.

Habermas. Jürgen Habermas, "Handlung und System —Bemerkungen zu Parsons' Medientheorie", in: Wolfgang Schluchter (Hg.), *Verhalten, Handeln und System—Talcott Parsons' Beitrag zur Entwicklung der Sozialwissenschaften*, Frankfurt am Main 1980.

—*Theorie des kommunikativen Handelns Band 2 —Zur Kritik der funktionalistischen Vernunft,* Frankfurt am Main 1981. ハーバマス『コミュニケイション的行為の理論（下）』未来社 1987 年。

浜島朗編『社会学講座 2 社会学理論』東京大学出版会 1975 年。

Hayek. Friedrich von Hayek, *Geldtheorie und Konujkturtheorie*, Wien 1929.

–*Monetary Theory and the Trade Cycle*, London 1933 . ハイエク「貨幣理論と景気循環」『ハイエク全集 1 貨幣理論と景気循環／価格と生産』（古賀勝次郎訳）春秋社 1988 年。

–*Denationalization of Money —An Analysis of the Theory and Practice of Concurrent Currencies*, Economic Affairs / London 1976, in: *The Collected Works of F. A. Hayke, Vol. 6, Good Money, Part II, The Standard*, (ed. Stephen Kresge), The University of Chicago Press 1999. 「貨幣の脱国営化論——共存通貨の理論と実践の分析」『ハイエク全集Ⅱ - 2 貨幣論集』（池田幸弘・西部忠訳）春秋社 2012 年所収。

—*Entnationalisierung des Geldes —Eine Anayse der Theorie und Praxis konkurierender Umlaufsmittel,* J. C. B. Mohr / Tübingen 1977.

Heidegger. Martin Heidegger, *Sein und Zeit*, Max Niemeyer Verlag / Tübingen 2001(1926). ハイデッガー『存在と時間』（細谷貞雄・亀井裕・船橋弘訳）理想社 1964 年。

# 事項索引

## ら

# 人名索引

**著者紹介**

**森　元孝**（もり・もとたか）

**■経歴**

社会学者、博士（文学）

1955 年生まれ。現在、早稲田大学文化構想学部社会構築論系教授

http://www.f.waseda.jp/wienmoto/


**■編著書**

1995 年　『アルフレート・シュッツのウィーン――社会科学の自由主義的転換の構想とその時代』新評論.

　『モダンを問う――社会学の批判的系譜と手法』弘文堂.

1996 年　『逗子の市民運動――池子米軍住宅建設反対運動と民主主義の研究』御茶の水書房.

2000 年　『アルフレッド・シュッツ――主観的時間と社会的空間』東信堂.

2006 年　『フリードリヒ・フォン・ハイエクのウィーン――ネオ・リベラリズムとその時代』新評論.

2007 年　『貨幣の社会学――経済社会学への招待』東信堂 .

2014 年　『理論社会学――社会構築のための媒体と論理』東信堂 .

2015 年　『石原慎太郎の社会現象学――亀裂の弁証法』東信堂 .

2016 年　『石原慎太郎とは？――戦士か、文士か』東信堂 .


**未来社会学 序説――勤労と統治を超える**

2018年1月31日　　初 版　第1刷発行

〔検印省略〕

定価はカバーに表示してあります。

著者Ⓒ森　元孝／発行者 下田 勝司

印刷・製本／中央精版印刷

東京都文京区向丘 1-20-6　　郵便振替 00110-6-37828

〒 113-0023　TEL (03) 3818-5521　FAX (03) 3818-5514

発行所 株式会社 東信堂

Published by TOSHINDO PUBLISHING CO., LTD.

1-20-6, Mukougaoka, Bunkyo-ku, Tokyo, 113-0023, Japan

E-mail : tk203444@fsinet.or.jp　　http://www.toshindo-pub.com

ISBN978-4-7989-1469-5 C3036 Ⓒ Mototaka Mori

東信堂

〔シリーズ　社会学のアクチュアリティ：批判と創造　全12巻〕

- クリティークとしての社会学—現代を批判的に見る眼　西原和久・宇都宮京子 編　一八〇〇円
- 都市社会とリスク—豊かな生活をもとめて　藤田弘夫・浦野正樹 編　二〇〇〇円
- 言説分析の可能性—社会学的方法の迷宮から　佐藤俊樹・友枝敏雄 編　二〇〇〇円
- グローバル化とアジア社会—ポストコロニアルの地平　新津晃一・吉原直樹 編　二三〇〇円
- 公共政策の社会学—社会的現実との格闘　武川正吾・三重野卓 編　二〇〇〇円
- 社会学のアリーナへ—21世紀社会を読み解く　友枝敏雄・厚東洋輔 編　二二〇〇円
- モダニティと空間の物語—社会学のフロンティア　吉原直樹・斉藤日出治 編　二六〇〇円
- 戦後日本社会学のリアリティ—せめぎあうパラダイム　池岡義孝・西原和久 編　二六〇〇円

〔地域社会学講座　全3巻〕

- 地域社会学の視座と方法　似田貝香門 監修　二五〇〇円
- グローバリゼーション／ポスト・モダンと地域社会　古城利明 監修　二五〇〇円
- 地域社会の政策とガバナンス　岩崎信彦・矢澤澄子 監修　二七〇〇円

〔シリーズ世界の社会学・日本の社会学〕

- タルコット・パーソンズ—最後の近代主義者　中野秀一郎　一八〇〇円
- ゲオルグ・ジンメル—現代分化社会における個人と社会　居安正　一八〇〇円
- ジョージ・H・ミード—社会的自我論の展開　船津衛　一八〇〇円
- アラン・トゥーレーヌ—現代社会のゆくえと新しい社会運動　杉山光信　一八〇〇円
- アルフレッド・シュッツ—主観的時間と社会的空間　森元孝　一八〇〇円
- エミール・デュルケム—社会の道徳的再建と社会学　中島道男　一八〇〇円
- レイモン・アロン—危機の時代の透徹した警世家　岩城完之　一八〇〇円
- フェルディナンド・テンニエス—ゲマインシャフトとゲゼルシャフト　吉田浩　一八〇〇円
- カール・マンハイム—時代を診断する亡命者　澤井敦　一八〇〇円
- ロバート・リンド—アメリカ文化の内省的批判者　園部雅久　一八〇〇円
- アントニオ・グラムシ—『獄中ノート』と批判社会学の生成　鈴木富久　一八〇〇円
- 費孝通—民族自省の社会学　佐々木衞　一八〇〇円
- 奥井復太郎—都市社会学と生活論の創始者　藤田弘夫　一八〇〇円
- 新明正道—綜合社会学の探究　山本鎮雄　一八〇〇円
- 米田庄太郎—新総合社会学の先駆者　中久郎　一八〇〇円
- 高田保馬—理論と政策の無媒介的統一　北島滋　一八〇〇円
- 戸田貞三—家族研究・実証社会学の軌跡　川合隆男　一八〇〇円
- 福武直—民主化と社会学の現実化を推進　蓮見音彦　一八〇〇円

〒113-0023　東京都文京区向丘 1-20-6　TEL 03-3818-5521　FAX03-3818-5514　振替 00110-6-37828
Email tk203444@fsinet.or.jp　URL:http://www.toshindo-pub.com/

※定価：表示価格（本体）＋税